JLPT 급소공략

급소만을 집중 공략한
JLPT(일본어능력시험) 완벽 대비서

N2 청해

다락원

JLPT(일본어 능력시험)는 국제교류기금 및 일본국제교육지원협회가 일본 국내 및 해외에서 일본어를 모국어로 하지 않는 사람을 대상으로 일본어 능력을 측정하고 인정하는 것이 목적인 시험으로, 일본 정부가 공인하는 세계 유일의 일본어 시험입니다. 1984년부터 매년 12월에 시행되었고 2009년부터 1년에 2회, 7월과 12월에 실시되고 있습니다. 또한, 2010년부터 학습자들의 과제 수행을 위한 커뮤니케이션 능력 측정을 위해 새로운 유형으로 바뀌면서 기존 1급에서 4급까지였던 것이 N1부터 N5까지 더 세분화되었습니다.

본서의 특징은 다음과 같습니다.

첫째, 과거 기출문제를 분석하여 사회 전반에 걸친 내용을 토대로 출제 가능성이 높은 형태들의 문제로 구성하였습니다.

둘째, 문제 유형별 설명과 풀이 요령 등에 대해 핵심적인 부분을 언급하였습니다.

셋째, 기본적으로 강의용 교재이지만 스크립트와 해석, 단어를 별도로 정리하여 혼자서도 충분히 학습이 가능하도록 배려하였습니다.

넷째, 실제 시험과 동일한 구성으로 모의고사 5회분을 수록하여 실전 감각을 바로 익히고, 문제 유형 파악과 어휘력 확장이 가능하도록 하였습니다.

청해 실력은 하루 아침에 느는 것이 아니라 귀를 얼마나 일본어에 노출시키느냐에 따라 좌우된다고 할 수 있습니다. 어휘력이 뛰어나더라도 음성 학습에 익숙하지 않으면 청해에서 좋은 점수를 받기 어려운 것이 사실입니다. 본서를 통해 반복적으로 학습한다면 듣기 능력 향상에 큰 도움이 될 것입니다.

JLPT 청해는 실생활에서 자주 접할 수 있는 과제 해결 능력을 평가하는 문제가 다수 출제됩니다. 본서를 통해 학습자들이 다양한 형태의 문제를 접해 보고 실력을 키워 나간다면 합격은 물론 고득점이라는 목적을 달성하리라고 확신합니다.

끝으로 이 책의 출판에 도움을 주신 ㈜다락원의 정규도 사장님과 일본어출판부 직원 여러분에게 이 자리를 빌어 감사의 말씀을 드립니다.

저자 일동

JLPT(일본어능력시험) N2 청해 유형 분석

2010년부터 실시된 JLPT(일본어능력시험) N2 청해의 문제 유형은 총 5가지이며, 기존 시험보다 비중이 늘었다. 시험 시간은 50분이고 배점은 60점 만점이다. 시험의 내용은 폭넓은 장면에서 사용되는 일본어를 듣고 이해할 수 있는지를 묻는다. 자연스러운 속도의 체계적 내용의 회화나 뉴스를 듣고, 내용의 흐름 및 등장인물의 관계를 이해하거나 요지를 파악할 수 있어야 한다.

문제1 과제 이해

특정한 상황이 설정되어 있고 남녀가 대화를 나누면서 과제에 필요한 정보를 알려준다. 어떤 과제를 수행해야 하는지를 묻는 파트이기 때문에 전체적인 내용을 파악하는 것도 중요하지만, 지시나 조언하는 사람의 이야기를 주의 깊게 들어야 한다. 본문 대화가 시작되기 전에 음성으로 간단한 상황 설명과 누가 어떤 과제를 수행해야 하는지에 대한 질문이 제시된다. 5문제 정도가 출제된다.

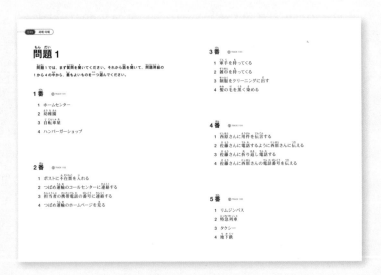

문제 푸는 요령 및 주의점

· 본문 내용 전후로 문제를 두 번 들려주기 때문에 누가 무엇을 해야 하는지 미리 파악해 두고 관련 부분은 간단하게 메모해 두자.

· 유사 발음에 주의하자!! 선택지의 본문 내용과 같은 발음이나 유사발음이 나온 경우는 답이 아닌 경우가 많으므로 주의해야 한다.

· 헷갈리지 않도록 확실히 답이 아닌 선택지는 소거법으로 지워 두도록 한다.

과제 이해와 마찬가지로 주로 남녀 두 명이 등장하여 대화를 나누고 상황 설명과 질문이 먼저 제시된다. 포인트 이해 파트에서는 왜(なんで), 어째서(どうして), 뭐가(何が), 어떤(どんな) 등과 같은 키워드를 사용해서 이유나 원인, 주고 받은 대화의 구체적인 내용을 묻는 경우가 많으므로 집중력이 요구되는 파트이다. 6문제 정도가 출제된다.

문제 푸는 요령 및 주의점

· 선택지를 읽을 수 있는 시간이 주어지므로 인쇄된 선택지를 빠르게 눈으로 스캔하면서 내용을 파악해 두자!
· 위에서 설명한 포인트 이해의 키워드와 관련된 내용이 나오면 한국어로 메모한다(한자는 획이 많은 경우도 있고 히라가나는 나중에 의미파악이 명확하지 않은 경우가 있기 때문에 한국어로 메모하는 편이 좋다)
· 소거법으로 선택지를 지운다.

보통 한 명 또는 두 명이 이야기하고, 내용 전체의 주제나 화자의 의도, 주장 등을 묻는 문제이다. 문제지에 아무것도 인쇄되어 있지 않고, 본문 내용을 들려주기 전에 질문이 제시되지 않기 때문에 조금 긴장할 수 있으나 전체적인 흐름만 파악하면 오히려 쉽게 풀 수 있다. 대강의 요점을 파악하는 문제이므로 단어 하나하나에 너무 집착할 필요는 없다. 5문제 정도가 출제된다.

문제 푸는 요령 및 주의점

· 과제 이해와 포인트 이해보다 더 많은 메모가 필요한 파트이다. 내용 파악이 될 만한 키워드를 나열해가며 메모한다.
· 일상 대화도 출제되지만 설명문이나 논설문, 뉴스 등에서 쓰이는 시사 용어가 나오는 경우도 있으므로, 사회적으로 이슈가 되는 내용이나 단어들은 그때그때 체크해 둔다.
· 지명·인명과 같이 이름이 낯선 고유명사는 내용을 파악하는데 큰 지장이 없는 경우가 많으므로 당황하지 않도록 한다.

문제4   즉시 응답

두 명이 등장하여 짧은 문장의 대화를 주고 받는다. 앞 사람의 말에 가장 적절한 응답을 고르는 문제이다. 문제3 개요 이해와 마찬가지로 문제지에 아무 것도 인쇄되어 있지 않고, 음성을 들으며 바로 바로 답안지에 정답을 표시해야 한다. 12문제 정도가 출제된다.

문제 푸는 요령 및 주의점

· 동음이의어의 함정이 가장 많은 파트이며, 다른 파트에 비해 속담이나 관용어구·의성어/의태어·존경어/겸양어 등이 많이 출제되므로 꾸준한 대비가 필요하다.
· 짧은 대화가 연달아 12문항이 이어지므로 순발력이 요구되나, 놓친 부분이 있다면 과감하게 포기하고 다음 문제에 집중하도록 한다.

문제5   종합 이해

두 명 또는 세 명이 등장하는 경우가 많으며 대화 내용이 다른 파트보다 비교적 긴 편이다. 복수의 화자가 말하는 여러 정보를 잘 이해해야 한다. 종합 이해는 총 2가지 패턴의 4문제가 출제된다. 1, 2번은 질문이 본문 내용 전에 미리 제시되지 않으며 선택지도 인쇄되어 있지 않다. 3번은 하나의 내용을 듣고 질문 2개에 답하는 형식으로, 선택지만 인쇄되어 있다.

문제 푸는 요령 및 주의점

· 각각의 화자(성별도 중요)가 말한 내용을 구별할 수 있도록 특징적인 내용을 메모해 둔다.
· 마지막 문제는 하나의 내용을 듣고 두 개의 질문에 답해야 하기 때문에 인쇄되어 있는 선택지를 통해 질문을 어느 정도 예측할 수 있다.

교재의 구성과 특징

본문

모의고사 실전 모의고사 형식의 문제를 총 5회분 수록하였다.

각 회차의 전체 음성과
문제별 음성을
들을 수 있다.

〉〉〉 문제1 과제 이해 〉〉〉 ━━━━━ 문제의 유형을 나타낸다.

もん だい
問題 1

もんだい
問題 1 では、まず質問を聞いてください。それから話を聞いて、問題用紙の
1から4の中から、最もよいものを一つ選んでください。

1番 🔊 TRACK 1101

1 ホームセンター
2 幼稚園
3 自転車屋
4 ハンバーガーショップ

2番 🔊 TRACK 1102

1 ポストに不在票を入れる
2 つばめ運輸のコールセンターに連絡する
3 担当者の携帯電話の番号に連絡する
4 つばめ運輸のホームページを見る

부록

정답·스크립트·해석 부록에는 문제의 정답과 스크
립트 및 해석, 그리고 단어와 표현이 정리되어 있다.

1회

問題 1

1番
女の人と男の人が話しています。男の人はまずど
こに行かなければなりませんか。

女 ねえ、あなた~、ちょっと来て~。
男 何だい？
女 ここの戸棚が閉まらないのよ、なんだかねじが
　取れちゃったみたいなの。直してくれない？
男 いいよ。でも、これ同じねじ、家にはないか
　ら買いに行かないと。ホームセンター、今
　から行ってくるよ。
女 ありがとう。じゃ、ついでに、健太のお迎え
　もお願い、幼稚園3時までだから。
男 今、2時半だから、歩いて行ったら間に合わ
　ないんじゃない？自転車で行ってくるよ。
女 あ、自転車のタイヤの空気が抜けてるんだっ
　た、ちょうどよかった。ついでに自転車屋に
　寄って空気入れてもらってきてくれない？
男 3時までにできるかな。
女 あなたならできるよ。あと、帰りに健太のお
　やつ買ってやってね。あの子、最近よく食べ
　るの。
男 じゃ、僕も小腹が空いたから、健太と一緒に
　ハンバーガーでも食べてくるよ。

男の人はまずどこに行かなければなりませんか。

1 ホームセンター
2 幼稚園
3 自転車屋
4 ハンバーガーショップ

戸棚 찬장, 붙박이장 | 閉まる 닫히다 | ねじが取れる 나사가 풀리다 | ホームセンター 홈센터(생활용품을 광범위하게 갖춘 점포) |
ついでに 하는 김에 | お迎え 마중 | 幼稚園 유치원 | 間に合う 시간에 대다 | 空気 공기 | 抜ける 빠지다 | ちょうど 딱, 마침 |
~に寄る ~에 들르다 | おやつ 간식 | 小腹が空く 조금 공복을 느끼다, 출출하다

문제 1

1번
여자와 남자가 이야기하고 있습니다. 남자는 우선 어디에 가
야 합니까?

여 저기, 여보~, 잠깐 와봐~.
남 무슨 일인데?
여 여기 찬장이 안 닫혀. 뭔가 나사가 빠진 것 같
　아. 고쳐줄래?
남 좋아. 근데 이 똑같은 나사, 집에 없어서 사러 가
　야 해. 지금 홈센터에 다녀올게.
여 고마워. 그럼 나가는 김에 겐타 마중도 부탁해. 유치
　원 3시까지거든.
남 지금 2시반이니까 걸어서 가면 늦지 않아? 자전거
　타고 다녀올게.
여 아, 자전거 타이어 공기가 빠졌어. 마침 잘됐다.
　가는 김에 자전거 가게 들러서 공기 넣고 와줄래?
남 3시까지 가능하려나?
여 당신이라면 가능해. 그리고 돌아올 때, 겐타 간식 좀
　사줘. 그 녀석 요즘 아주 잘 먹어.
남 그럼 나도 출출하니까, 겐타랑 같이 햄버거라도 먹
　고 올게.

남자는 우선 어디에 가야 합니까?

1 홈센터
2 유치원
3 자전거 가게
4 햄버거 가게

CONTENTS

음성 듣기

JLPT
급소공략
N2 청해

1 회

問題 1

　問題 1 では、まず質問を聞いてください。それから話を聞いて、問題用紙の 1 から 4 の中から、最もよいものを一つ選んでください。

1 番　🎧 TRACK 1101

1　ホームセンター
2　幼稚園
3　自転車屋
4　ハンバーガーショップ

2 番　🎧 TRACK 1102

1　ポストに不在票を入れる
2　つばめ運輸のコールセンターに連絡する
3　担当者の携帯電話の番号に連絡する
4　つばめ運輸のホームページを見る

3番 🎧 TRACK 1103

1 軍手を持ってくる

2 雑巾を持ってくる

3 制服をクリーニングに出す

4 髪の毛を黒く染める

4番 🎧 TRACK 1104

1 西原さんに用件を伝言する

2 佐藤さんに電話するように西原さんに伝える

3 佐藤さんに折り返し電話する

4 佐藤さんに西原さんの電話番号を伝える

5番 🎧 TRACK 1105

1 リムジンバス

2 特急列車

3 タクシー

4 地下鉄

問題2

　問題2では、まず質問を聞いてください。そのあと、問題用紙のせんたくしを読んでください。読む時間があります。それから話を聞いて、問題用紙の1から4の中から、最もよいものを一つ選んでください。

1番 🎧 TRACK 1201

1　3kg

2　7kg

3　9kg

4　11kg

2番 🎧 TRACK 1202

1　田中さんの分の仕事をするため

2　部下たちに見本を見せるため

3　部長としての仕事が多すぎるため

4　次の日の分の仕事をするため

3番 🎧 TRACK 1203

1 運動器具が増えたこと
2 レッスンの種類が増えたこと
3 設備が新しいこと
4 入浴施設が狭くなったこと

4番 🎧 TRACK 1204

1 田中君が芸能人になったこと
2 田中君が整形していたこと
3 田中君が海外の大学に進学していたこと
4 田中君が女の人のことを好きだったこと

5番 🎧 TRACK 1205

1 値段が高かったから

2 デザインが気に入らなかったから

3 ポイントカードを家に置いてきたから

4 サイズが合わなかったから

6番 🎧 TRACK 1206

1 SNSで彼氏の写真を見たから

2 男の人と手をつないでいたのを見たから

3 山田さんに聞いたから

4 嬉しそうな顔をしていたから

問題3 🎧 TRACK 1301~1305

　問題3では、問題用紙に何もいんさつされていません。この問題は、全体としてどんな内容かを聞く問題です。話の前に質問はありません。まず話を聞いてください。それから、質問とせんたくしを聞いて、1から4の中から、最もよいものを一つ選んでください。

－メモ－

問題4

🎧 TRACK 1401~1412

　問題4では、問題用紙に何もいんさつされていません。まず文を聞いてください。それから、それに対する返事を聞いて、1から3の中から、最もよいものを一つ選んでください。

－メモ－

問題5

問題5では、長めの話を聞きます。この問題には練習はありません。
問題用紙にメモをとってもかまいません。

1番、2番　TRACK 1501~1502

問題用紙に何もいんさつされていません。まず話を聞いてください。それから、質問とせんたくしを聞いて、1から4の中から、最もよいものを一つ選んでください。

ーメモー

3番 　🎧 TRACK 1503

　まず話を聞いてください。それから、二つの質問を聞いて、それぞれ問題用紙の1から4の中から、最もよいものを一つ選んでください。

質問1

1 親指

2 人差し指

3 中指

4 薬指

質問2

1 親指

2 人差し指

3 中指

4 薬指

J L P T
급소공략
N2 청해

問題 1

問題１では、まず質問を聞いてください。それから話を聞いて、問題用紙の１から４の中から、最もよいものを一つ選んでください。

1番 🎧 TRACK 2101

1　１１時３０分

2　１１時

3　１０時３０分

4　１０時

2番 🎧 TRACK 2102

1　焼き肉

2　ピザ

3　寿司

4　中華料理

3 番 🎧 TRACK 2103

1 男の人に返す
2 山本君に渡す
3 妹に渡す
4 新しい物を買う

2 회

4 番 🎧 TRACK 2104

1 レストランで食事する
2 映画館でグッズを買う
3 薬局で絆創膏を買う
4 デパートで靴を買う

5 番 🎧 TRACK 2105

1 自己紹介カードを書く
2 1年生の世話をする
3 きれいな服を着る
4 教科書を持ってくる

問題2
<ruby>問<rt>もん</rt></ruby><ruby>題<rt>だい</rt></ruby>2

　問題2では、まず質問を聞いてください。そのあと、問題用紙のせんたくしを読んでください。読む時間があります。それから話を聞いて、問題用紙の1から4の中から、最もよいものを一つ選んでください。

1番 🎧 TRACK 2201

1　メンバー各自に個性があるところ

2　歌とダンスが上手なところ

3　中性的で好感度が高いところ

4　ファンの気持ちを理解しているところ

2番 🎧 TRACK 2202

1　プレゼントがもらえなかったから

2　子供の面倒を見なかったから

3　男の人が誕生日を忘れていたから

4　男の人が家事をしなかったから

3番 TRACK 2203

1 司会進行の練習をしていた

2 ジュースを飲んだり話したりしていた

3 校内の飾りつけをしていた

4 文化祭の看板を作っていた

4番 TRACK 2204

1 部長に昇進するから

2 周りの友達がみんな結婚したから

3 価値観が似ているから

4 大阪に転勤するから

5番 🎧 TRACK 2205

1 明日の午前6時30分

2 明日の午前7時

3 明日の午前9時

4 明日の午前11時

6番 🎧 TRACK 2206

1 交通の便が悪いから

2 ホテルの宿泊料金が高いから

3 ホテルの人のサービスが悪いから

4 ホテルの料理がまずいから

問題 3

🎧 TRACK 2301~2305

問題 3 では、問題用紙に何もいんさつされていません。この問題は、全体としてどんな内容かを聞く問題です。話の前に質問はありません。まず話を聞いてください。それから、質問とせんたくしを聞いて、1から4の中から、最もよいものを一つ選んでください。

－メモ－

問題4 🎧 TRACK 2401~2412

問題4では、問題用紙に何もいんさつされていません。まず文を聞いてください。それから、それに対する返事を聞いて、1から3の中から、最もよいものを一つ選んでください。

－メモ－

問題 5

問題 5 では、長めの話を聞きます。この問題には練習はありません。
問題用紙にメモをとってもかまいません。

1 番、2 番　🎧 TRACK 2501~2502

問題用紙に何もいんさつされていません。まず話を聞いてください。それから、質問とせんたくしを聞いて、1 から 4 の中から、最もよいものを一つ選んでください。

ーメモー

3番 🎧 TRACK 2503

　まず話を聞いてください。それから、二つの質問を聞いて、それぞれ問題用紙の1から4の中から、最もよいものを一つ選んでください。

質問1

　　1　地下1階

　　2　1階

　　3　5階

　　4　6階

質問2

　　1　地下1階

　　2　1階

　　3　5階

　　4　6階

음성 듣기

JLPT
급소공략
N2 청해

3^회

問題 1

問題1では、まず質問を聞いてください。それから話を聞いて、問題用紙の1から4の中から、最もよいものを一つ選んでください。

1番　🎧 TRACK 3101

1 英会話教室
2 写真屋
3 銀行
4 美容室

2番　🎧 TRACK 3102

1 一人で母を駅まで迎えに行く
2 男の人を駅まで送る
3 男の人を大学まで送る
4 男の人に傘を貸す

3 番　🎧 TRACK 3103

1 女の人と公衆電話を探す
2 女の人にケータイを借りる
3 女の人と交番に行く
4 女の人とケータイを探す

3
회

4 番　🎧 TRACK 3104

1 秘書室に行く
2 サンプルを注文する
3 課長に連絡する
4 会議の準備をする

5 番　🎧 TRACK 3105

1 ショッピングモールに行く
2 映画館で映画を見る
3 猫カフェに行く
4 マッサージを受ける

問題2

問題2では、まず質問を聞いてください。そのあと、問題用紙のせんたくしを読んでください。読む時間があります。それから話を聞いて、問題用紙の1から4の中から、最もよいものを一つ選んでください。

1番 TRACK 3201

1　通行止めだから

2　渋滞しているから

3　交通事故があったから

4　信号の待ち時間が長いから

2番 TRACK 3202

1　日替わり定食

2　日替わり定食とデザート

3　うどんセット

4　うどんセットとデザート

3番 <small>ばん</small> 🎧 TRACK 3203

1 頭 <small>あたま</small>

2 腰 <small>こし</small>

3 足首 <small>あしくび</small>

4 首 <small>くび</small>

4番 <small>ばん</small> 🎧 TRACK 3204

1 上司に怒られたこと <small>じょうし　おこ</small>

2 財布を忘れたこと <small>さいふ　わす</small>

3 彼女に振られたこと <small>かのじょ　ふ</small>

4 泥棒に入られたこと <small>どろぼう　はい</small>

5番 _{ばん} 🎧 TRACK 3205

1 体の調子が良くなること

2 料理の勉強ができること

3 いろいろな職業の人がいること

4 美味しい料理が食べられること

6番 _{ばん} 🎧 TRACK 3206

1 勉強が良くできること

2 授業態度が良いこと

3 迷子を助けたこと

4 人に対しての思いやりがあること

問題3 🎧 TRACK 3301~3305

問題3では、問題用紙に何もいんさつされていません。この問題は、全体としてどんな内容かを聞く問題です。話の前に質問はありません。まず話を聞いてください。それから、質問とせんたくしを聞いて、1から4の中から、最もよいものを一つ選んでください。

3회

ーメモー

問題 4

TRACK 3401~3412

問題 4 では、問題用紙に何もいんさつされていません。まず文を聞いてください。それから、それに対する返事を聞いて、1 から 3 の中から、最もよいものを一つ選んでください。

―メモ―

問題5

問題5では、長めの話を聞きます。この問題には練習はありません。
問題用紙にメモをとってもかまいません。

1番、2番　🎧 TRACK 3501~3502

問題用紙に何もいんさつされていません。まず話を聞いてください。それから、質問とせんたくしを聞いて、1から4の中から、最もよいものを一つ選んでください。

―メモ―

3番 🎧 TRACK 3503

まず話を聞いてください。それから、二つの質問を聞いて、それぞれ問題用紙の1から4の中から、最もよいものを一つ選んでください。

質問1

1 家庭料理クラス

2 おもてなしクラス

3 洋食ビギナークラス

4 お菓子・ケーキクラス

質問2

1 家庭料理クラス

2 おもてなしクラス

3 洋食ビギナークラス

4 お菓子・ケーキクラス

음성 듣기

JLPT
급소공략
N2 청해

4 회

問題 1

　問題 1 では、まず質問を聞いてください。それから話を聞いて、問題用紙の 1 から 4 の中から、最もよいものを一つ選んでください。

1 番　🎧 TRACK 4101

1　料理の本
2　子供服
3　靴
4　野球のグローブ

2 番　🎧 TRACK 4102

1　カウンター席に座る
2　4 人掛けのテーブル席に座る
3　6 人掛けのテーブル席に座る
4　他の店に行く

3番 🎧 TRACK 4103

1 月曜日
2 火曜日
3 水曜日
4 木曜日

4番 🎧 TRACK 4104

1 『大気汚染』の上巻
2 『大気汚染』の上巻と下巻
3 『水質汚染』の上巻と下巻
4 『水質汚染』の全巻

5番 🎧 TRACK 4105

1 2100円
2 3050円
3 3300円
4 3550円

問題2

問題2では、まず質問を聞いてください。そのあと、問題用紙のせんたくしを読んでください。読む時間があります。それから話を聞いて、問題用紙の1から4の中から、最もよいものを一つ選んでください。

1番 🎧 TRACK 4201

1 家出をしたから
2 荷物の整理に使うから
3 後で買い物に行くから
4 授業に遅刻しそうになったから

2番 🎧 TRACK 4202

1 水着で体型が分かるから
2 泳ぎが得意じゃないから
3 日焼けするから
4 露出が多いから

3番　🎧 TRACK 4203

1　上下関係が厳しいから

2　練習が厳しいから

3　楽しくないから

4　他に入りたいサークルができたから

4番　🎧 TRACK 4204

1　人身事故があったから

2　接触事故があったから

3　車両が故障したから

4　自然災害が起きたから

5番 TRACK 4205

1 妹に移されたから

2 山田さんに移されたから

3 クーラーをつけっぱなしで寝たから

4 雨に降られて濡れたから

6番 TRACK 4206

1 ロングヘアに飽きてきたから

2 好きな人に振られたから

3 ロングヘアが暑いから

4 芸能人のヘアスタイルが気に入ったから

問題3

🎧 TRACK 4301~4305

　問題3では、問題用紙に何もいんさつされていません。この問題は、全体としてどんな内容かを聞く問題です。話の前に質問はありません。まず話を聞いてください。それから、質問とせんたくしを聞いて、1から4の中から、最もよいものを一つ選んでください。

－メモ－

問題4

🎧 TRACK 4401~4412

　問題4では、問題用紙に何もいんさつされていません。まず文を聞いてください。それから、それに対する返事を聞いて、1から3の中から、最もよいものを一つ選んでください。

－メモ－

問題5

問題5では、長めの話を聞きます。この問題には練習はありません。
問題用紙にメモをとってもかまいません。

1番、2番　🎧 TRACK 4501~4502

問題用紙に何もいんさつされていません。まず話を聞いてください。それから、質問とせんたくしを聞いて、1から4の中から、最もよいものを一つ選んでください。

4
回

－メモ－

3番 🎧 TRACK 4503

　まず話を聞いてください。それから、二つの質問を聞いて、それぞれ問題用紙の1から4の中から、最もよいものを一つ選んでください。

質問1

1　フェイシャルマッサージコース
2　肩こり改善コース
3　足つぼコース
4　ブライダルコース

質問2

1　フェイシャルマッサージコース
2　肩こり改善コース
3　足つぼコース
4　ブライダルコース

음성 듣기

JLPT
급소공략
N2 청해

5회

問題 1

　問題1では、まず質問を聞いてください。それから話を聞いて、問題用紙の1から4の中から、最もよいものを一つ選んでください。

1番　🎧 TRACK 5101

1　釣ってきた魚を冷凍室に入れる
2　冷凍した魚を解凍する
3　釣ってきた魚を焼く
4　冷凍した魚を近所の人にあげる

2番　🎧 TRACK 5102

1　型紙通りに布を切る
2　ポケットを縫う
3　車の柄にデコレーションする
4　好きな布を買いに行く

3 番 🎧 TRACK 5103

1 水着を買いに行く

2 クラス分けテストを受ける

3 クラスを見学する

4 血圧を測る

4 番 🎧 TRACK 5104

1 図書館に行く

2 駅前に行く

3 スキーをしに行く

4 鍋の材料を買いに行く

5 番 🎧 TRACK 5105

1 フィットネスクラブに加入する

2 スポーツウエアを買いに行く

3 卓球のレッスンを見学する

4 卓球の体験レッスンを受ける

問題2

　問題2では、まず質問を聞いてください。そのあと、問題用紙のせんたくしを読んでください。読む時間があります。それから話を聞いて、問題用紙の1から4の中から、最もよいものを一つ選んでください。

1番　🎧 TRACK 5201

1　炭酸水

2　牛乳

3　フルーツジュース

4　蜂蜜

2番　🎧 TRACK 5202

1　飲酒をしたから

2　準備運動をしなかったから

3　川の流れが速かったから

4　泳げなかったから

3番 🎧 TRACK 5203

1 お酒を飲みすぎたから

2 緊張しすぎたから

3 異性との話が面白くなかったから

4 好みの異性がいなかったから

4番 🎧 TRACK 5204

1 生臭いから

2 食べづらいから

3 見た目が気持ち悪いから

4 お腹がいっぱいだから

5 番 ばん 🎧 TRACK 5205

1 窓が壊れたため
まど こわ

2 家が古くなったため
いえ ふる

3 防犯対策のため
ぼうはんたいさく

4 耐震対策のため
たいしんたいさく

6 番 ばん 🎧 TRACK 5206

1 誰かに放火されたから
だれ ほうか

2 タバコの火を消さなかったから
ひ け

3 猫がコンロの火をつけたから
ねこ ひ

4 コンロの火を消し忘れたから
ひ け わす

問題3 🎧 TRACK 5301~5305

問題3では、問題用紙に何もいんさつされていません。この問題は、全体としてどんな内容かを聞く問題です。話の前に質問はありません。まず話を聞いてください。それから、質問とせんたくしを聞いて、1から4の中から、最もよいものを一つ選んでください。

ーメモー

問題 4

🎧 TRACK 5401~5412

　問題 4 では、問題用紙に何もいんさつされていません。まず文を聞いてください。それから、それに対する返事を聞いて、 1 から 3 の中から、最もよいものを一つ選んでください。

－メモ－

問題5
もん だい

問題5では、長めの話を聞きます。この問題には練習はありません。
もんだい　　　　　　　　　　　なが　　　はなし　き　　　　　　　　　　もんだい　　　　　　れんしゅう

問題用紙にメモをとってもかまいません。
もんだいよう し

1番、2番
ばん　　ばん　　🎧 TRACK 5501~5502

問題用紙に何もいんさつされていません。まず話を聞いてください。それから、
もんだいよう し　なに　　　　　　　　　　　　　　　　　　　　　　はなし　き

質問とせんたくしを聞いて、1から4の中から、最もよいものを一つ選んでくだ
しつもん　　　　　　　　　　き　　　　　　　　　　　　なか　　　もっと　　　　　　　ひと　えら

さい。

—メモ—

3番 🎧 TRACK 5503

　まず話を聞いてください。それから、二つの質問を聞いて、それぞれ問題用紙の1から4の中から、最もよいものを一つ選んでください。

質問1

　　1　第2位の理由
　　2　第3位の理由
　　3　第4位の理由
　　4　第5位の理由

質問2

　　1　第2位の理由
　　2　第3位の理由
　　3　第4位の理由
　　4　第5位の理由

JLPT 급소공략
N2 청해

정답 · 스크립트 · 해석

1회

문제 1	1.③	2.③	3.②	4.②	5.②							
문제 2	1.④	2.④	3.④	4.③	5.③	6.④						
문제 3	1.②	2.②	3.④	4.③	5.④							
문제 4	1.③	2.①	3.②	4.③	5.①	6.③	7.②	8.①	9.③	10.①	11.②	12.①
문제 5	1.③	2.④	3-1.② 3-2.③									

2회

문제 1	1.④	2.③	3.②	4.③	5.②							
문제 2	1.④	2.③	3.②	4.③	5.④	6.③						
문제 3	1.③	2.②	3.②	4.①	5.②							
문제 4	1.③	2.③	3.①	4.②	5.①	6.②	7.②	8.②	9.①	10.②	11.①	12.③
문제 5	1.③	2.③	3-1.① 3-2.④									

3회

문제 1	1.③	2.②	3.③	4.③	5.④							
문제 2	1.④	2.③	3.④	4.③	5.③	6.④						
문제 3	1.③	2.③	3.③	4.②	5.③							
문제 4	1.②	2.③	3.②	4.②	5.③	6.①	7.③	8.①	9.①	10.③	11.②	12.①
문제 5	1.④	2.④	3-1.① 3-2.③									

4회

문제 1	1.④	2.①	3.④	4.③	5.②							
문제 2	1.④	2.④	3.③	4.④	5.③	6.④						
문제 3	1.③	2.①	3.①	4.③	5.③							
문제 4	1.②	2.②	3.③	4.①	5.③	6.②	7.③	8.①	9.②	10.②	11.③	12.①
문제 5	1.②	2.③	3-1.③ 3-2.④									

5회

문제 1	1.③	2.④	3.④	4.②	5.③							
문제 2	1.④	2.②	3.②	4.②	5.④	6.③						
문제 3	1.④	2.③	3.②	4.②	5.④							
문제 4	1.②	2.③	3.③	4.③	5.①	6.①	7.②	8.①	9.①	10.③	11.①	12.③
문제 5	1.④	2.②	3-1.④ 3-2.③									

問題1

1番

女の人と男の人が話しています。男の人はまずどこに行かなければなりませんか。

女　ねえ、あなた〜。ちょっと来て〜。

男　何だい？

女　ここの戸棚が閉まらないのよ。なんだかねじが取れちゃったみたいなの。直してくれない？

男　いいよ。でも、これと同じねじ、家にはないから買いに行かないと。ホームセンター、今から行ってくるよ。

女　ありがとう。じゃ、ついでに、健太のお迎えもお願い。幼稚園3時までだから。

男　今、2時半だから、歩いて行ったら間に合わないんじゃない？自転車で行ってくるよ。

女　あ、自転車のタイヤの空気が抜けてるんだった。ちょうどよかった。ついでに自転車屋に寄って空気入れてもらってきてくれない？

男　3時までにできるかな。

女　あなたならできるよ。あと、帰りに健太のおやつ買ってやってね。あの子、最近よく食べるのよ。

男　じゃ、僕も小腹が空いたから、健太と一緒にハンバーガーでも食べてくるよ。

男の人はまずどこに行かなければなりませんか。

1　ホームセンター
2　幼稚園
3　自転車屋
4　ハンバーガーショップ

문제1

1번

여자와 남자가 이야기하고 있습니다. 남자는 우선 어디에 가야 합니까?

여　저기, 여보~, 잠깐 와봐~.

남　무슨 일인데?

여　여기 찬장이 안 닫혀. 뭔가 나사가 빠진 것 같아. 고쳐줄래?

남　좋아. 근데 이거랑 같은 나사, 집에 없어서 사러 가야 해. 지금 홈센터에 다녀올게.

여　고마워. 그럼 나가는 김에 겐타 마중도 부탁해. 유치원 3시까지거든.

남　지금 2시반이니까 걸어서 가면 늦지 않아? 자전거 타고 다녀올게.

여　아, 자전거 타이어 공기가 빠졌어. 마침 잘됐다. 가는 김에 자전거 가게 들려서 공기 넣고 와줄래?

남　3시까지 가능하려나?

여　당신이라면 가능해. 그리고 돌아올 때, 겐타 간식 좀 사줘. 그 녀석 요즘 아주 잘 먹어.

남　그럼 나도 출출하니까, 겐타랑 같이 햄버거라도 먹고 올게.

남자는 우선 어디에 가야 합니까?

1　홈센터
2　유치원
3　자전거 가게
4　햄버거 가게

戸棚 찬장, 붙박이장 | 閉まる 닫히다 | ねじが取れる 나사가 풀리다 | ホームセンター 홈센터(생활용품을 광범하게 갖춘 점포) | ついでに 하는 김에 | お迎え 마중 | 幼稚園 유치원 | 間に合う 시간에 대다 | 空気 공기 | 抜ける 빠지다 | ちょうど 딱, 마침 | 〜に寄る 〜에 들르다 | おやつ 간식 | 小腹が空く 조금 공복을 느끼다, 출출하다

2番

留守番電話にメッセージが入っています。今日中に荷物を受け取るには、この後まず何をしなければなりませんか。

男 つばめ運輸、南地区担当の伊藤です。本日午後2時にお荷物をお届けに参りましたが、お留守のようでしたので、ポストに不在票を入れておきました。不在票の方に、私の携帯番号とつばめ運輸の電話番号を書いておきましたので、ご連絡の方よろしくお願い致します。本日中の配達をご希望の場合は午後8時までに携帯の方へご連絡ください。配達中などで電話がつながらない場合がございますので、その場合はつばめ運輸のコールセンターの方にご連絡お願いします。また、再配達をキャンセルされる場合はつばめ運輸ホームページから申請してください。

今日中に荷物を受け取るには、この後まず何をしなければなりませんか。

1 ポストに不在票を入れる
2 つばめ運輸のコールセンターに連絡する
3 担当者の携帯電話の番号に連絡する
4 つばめ運輸のホームページを見る

2번

부재중 전화에 메시지가 와 있습니다. 오늘 중으로 짐을 받으려면, 이후 우선 무엇을 해야 합니까?

남 츠바메운수, 미나미지구 담당인 이토입니다. 오늘 오후 2시에 짐을 배송하러 방문했지만, 부재중인 것 같아서 우편함에 부재(연락)표를 넣어 두었습니다. 부재(연락)표에 제 전화번호와 츠바메운수 전화번호를 적어두었으니 연락 부탁드립니다. 오늘 중으로 배달을 희망하시는 경우에는 오후 8시까지 핸드폰으로 연락주세요. 배달 중으로 전화연결이 안 될 경우가 있으니, 그러한 경우에는 츠바메운수의 콜센터쪽으로 연락 부탁드립니다. 또한 재배달을 취소하시는 경우에는 츠바메운수 홈페이지에서 신청해 주세요.

오늘 중으로 짐을 받으려면, 이후 우선 무엇을 해야 합니까?

1 우편함에 부재(연락)표를 넣는다
2 츠바메운수 콜센터에 연락한다
3 담당자의 휴대전화 번호로 연락한다
4 츠바메운수 홈페이지를 본다

留守番電話 부재중 전화 | 荷物 짐 | 受け取る 수취하다, 받다 | ～には ～하려면 | 運輸 운수 | 担当 담당 | 本日 오늘 | お届け 배송 | 参る '가다, 오다'의 겸양어 | お留守 부재중 | ポスト 우편함 | 不在票 부재(연락)표 | 携帯番号 휴대전화 번호 | お/ご～致す ～하다 (겸양표현) | 配達 배달 | 希望 희망 | 場合 경우 | つながる 이어지다, 연결되다 | ござる '있다'의 높임말 | キャンセル 캔슬, 취소 | 申請 신청

3番

学校で担任の先生が話しています。学生達が始業式にしなければいけないことは何ですか。

男 みなさん、今日は終業式ですね。今日はみなさんが1学期に育てたサツマイモを収穫しますから、昨日、軍手を持ってくるように言いましたね。覚えていますか。今日はサツマイモを収穫した人から下校していいですよ。でもその前に先生からみなさんにお話しがあります。2か月後の始業式ではクラス写真の撮影があります。制服はきちんと着てきてください。当日は身だしなみを風紀委員がチェックします。それから大掃除もしますから、雑巾を持ってきてくださいね。ともかく、夏休みだからといって羽目を外してはいけませんよ。髪の毛を染めたり、危険なことはしないように。2学期にまたみんな元気な姿で会えることを楽しみにしていますよ。

学生達が始業式にしなければいけないことは何ですか。

1 軍手を持ってくる
2 雑巾を持ってくる
3 制服をクリーニングに出す
4 髪の毛を黒く染める

3번

학교에서 담임선생님이 이야기하고 있습니다. 학생들이 개학식에 해야 하는 것은 무엇입니까?

남 여러분, 오늘은 종업식입니다. 오늘은 여러분들이 1학기동안 키운 고구마를 수확하니까, 어제 목장갑을 가져오라고 했죠? 기억하고 있나요? 오늘은 고구마를 수확한 사람부터 하교해도 좋습니다. 하지만 그 전에 선생님이 여러분에게 할 말이 있어요. 두 달 후 개학식에서는 학급사진 촬영이 있어요. 교복은 단정하게 입고 오세요. 당일은 복장을 선도부원이 체크합니다. 그리고 대청소도 할거니까 걸레를 가져 오세요. 어쨌든, 여름방학이라고 해서 도를 넘어서는 안 됩니다. 머리카락을 염색하거나 위험한 일은 하지 않도록 하세요. 2학기에 모두 건강한 모습으로 다시 만날 수 있기를 기대하고 있을게요.

학생들이 개학식에 해야 하는 것은 무엇입니까?

1 목장갑을 가지고 온다
2 걸레를 가지고 온다
3 교복을 세탁소에 맡긴다
4 머리카락을 검게 염색한다

担任 담임 | 始業式 시업식, (학교의) 개학식 | 終業式 종업식 | 学期 학기 | 育てる 키우다, 기르다 | サツマイモ 고구마 | 収穫 수확 | 軍手 목장갑 | 下校 하교 | 撮影 촬영 | 制服 제복, 교복 | きちんと 제대로, 확실히 | 当日 당일 | 身だしなみ 단정한 몸가짐, 차림새 | 風紀委員 풍기위원, 선도부원 | 大掃除 대청소 | 雑巾 걸레 | ともかく 어쨌든 | ～からといって ～라고 해서 | 羽目を外す 흥겨운 나머지 도를 지나치다 | 髪の毛 머리카락 | 染める 물들이다, 염색하다 | 危険 위험 | 姿 모습 | 楽しみにする 기대하다 | クリーニング 세탁소

4番

<ruby>電<rt>でん</rt></ruby><ruby>話<rt>わ</rt></ruby>で<ruby>男<rt>おとこ</rt></ruby>の<ruby>人<rt>ひと</rt></ruby>と<ruby>女<rt>おんな</rt></ruby>の<ruby>人<rt>ひと</rt></ruby>が<ruby>話<rt>はな</rt></ruby>しています。<ruby>女<rt>おんな</rt></ruby>の<ruby>人<rt>ひと</rt></ruby>はこの<ruby>後<rt>あと</rt></ruby><ruby>何<rt>なに</rt></ruby>をしなければなりませんか。

女　はい、<ruby>北山商事<rt>きたやましょうじ</rt></ruby>です。

男　<ruby>私<rt>わたくし</rt></ruby>、<ruby>林株式会社<rt>はやしかぶしきがいしゃ</rt></ruby>の<ruby>佐藤<rt>さとう</rt></ruby>と<ruby>申<rt>もう</rt></ruby>しますが、<ruby>営業部<rt>えいぎょうぶ</rt></ruby>の<ruby>西原<rt>にしはら</rt></ruby>さんを<ruby>願<rt>ねが</rt></ruby>いしたいのですが…。

女　<ruby>林株式会社<rt>はやしかぶしきがいしゃ</rt></ruby>の<ruby>佐藤<rt>さとう</rt></ruby><ruby>様<rt>さま</rt></ruby>でいらっしゃいますね。あいにく、<ruby>西原<rt>にしはら</rt></ruby>は<ruby>席<rt>せき</rt></ruby>を<ruby>外<rt>はず</rt></ruby>しておりまして…。<ruby>何<rt>なに</rt></ruby>かお<ruby>急<rt>いそ</rt></ruby>ぎのご<ruby>用件<rt>ようけん</rt></ruby>でしょうか。

男　ええ、<ruby>至急<rt>しきゅう</rt></ruby>お<ruby>伺<rt>うかが</rt></ruby>いしたいことがございまして…。

女　もし<ruby>差<rt>さ</rt></ruby>し<ruby>支<rt>つか</rt></ruby>えなければ、<ruby>私<rt>わたくし</rt></ruby>がご<ruby>用件<rt>ようけん</rt></ruby>をお<ruby>伺<rt>うかが</rt></ruby>いいたしましょうか。

男　いえ、<ruby>直接<rt>ちょくせつ</rt></ruby>お<ruby>伝<rt>つた</rt></ruby>えしたいので<ruby>結構<rt>けっこう</rt></ruby>です。

女　では、<ruby>西原<rt>にしはら</rt></ruby>の<ruby>方<rt>ほう</rt></ruby>に<ruby>至急電話<rt>しきゅうでんわ</rt></ruby>を<ruby>差<rt>さ</rt></ruby>し<ruby>上<rt>あ</rt></ruby>げるようにと<ruby>申<rt>もう</rt></ruby>しておきます。<ruby>失礼<rt>しつれい</rt></ruby>ですが<ruby>佐藤<rt>さとう</rt></ruby><ruby>様<rt>さま</rt></ruby>のお<ruby>電話番号<rt>でんわばんごう</rt></ruby>を<ruby>伺<rt>うかが</rt></ruby>ってもよろしいでしょうか。

男　はい。

<ruby>女<rt>おんな</rt></ruby>の<ruby>人<rt>ひと</rt></ruby>はこの<ruby>後<rt>あと</rt></ruby><ruby>何<rt>なに</rt></ruby>をしなければなりませんか。

1 <ruby>西原<rt>にしはら</rt></ruby>さんに<ruby>用件<rt>ようけん</rt></ruby>を<ruby>伝言<rt>でんごん</rt></ruby>する
2 <ruby>佐藤<rt>さとう</rt></ruby>さんに<ruby>電話<rt>でんわ</rt></ruby>するように<ruby>西原<rt>にしはら</rt></ruby>さんに<ruby>伝<rt>つた</rt></ruby>える
3 <ruby>佐藤<rt>さとう</rt></ruby>さんに<ruby>折<rt>お</rt></ruby>り<ruby>返<rt>かえ</rt></ruby><ruby>電話<rt>でんわ</rt></ruby>する
4 <ruby>佐藤<rt>さとう</rt></ruby>さんに<ruby>西原<rt>にしはら</rt></ruby>さんの<ruby>電話番号<rt>でんわばんごう</rt></ruby>を<ruby>伝<rt>つた</rt></ruby>える

4번

전화로 남자와 여자가 이야기하고 있습니다. 여자는 이후에 무엇을 해야 합니까?

여　네, 기타야마 상사입니다.

남　저는 하야시 주식회사의 사토라고 합니다만, 영업부의 니시하라 씨 부탁드립니다.

여　하야시 주식회사의 사토 님이지요? 공교롭게도 니시하라는 자리를 비워서…. 뭔가 급한 용건이신가요?

남　네, 급히 여쭤보고 싶은 것이 있어서요….

여　만약 문제가 없으시다면 제가 용건을 들을까요?

남　아뇨, 직접 전하고 싶으니 괜찮아요.

여　그럼, 니시하라한테 빨리 전화 드리도록 말해 둘게요. 실례지만 사토 님의 전화번호를 여쭤봐도 될까요?

남　네.

여자는 이후에 무엇을 해야 합니까?

1 니시하라 씨에게 용건을 전한다
2 사토 씨에게 전화하도록 니시하라 씨에게 전한다
3 사토 씨에게 즉시 전화한다
4 사토 씨에게 니시하라 씨의 전화번호를 전한다

商事 상사 | 申す '말하다'의 겸양어 | 営業部 영업부 | ～でいらっしゃる ～이시다 | あいにく 공교롭게도 | 席を外す 자리를 비우다 | お急ぎ 급함 | 用件 용건, 용무 | 至急 급히 | 伺う '묻다, 듣다, 방문하다'의 겸양어 | お/ご～する ～하다(겸양표현) | ござる '있다'의 높임말 | もし 만약 | 差し支え 지장 | 直接 직접 | 伝える 전달하다 | 結構だ 괜찮다, 좋다 | 差し上げる 드리다 | ～ように ～하도록 | 伝言する 전언하다 | 折り返し 즉시, 당장

男の人と女の人が話しています。二人は何に乗って行きますか。

女 あれ？次の空港行きのリムジンバス、到着未定っていう表示が出てるよ。どうしたんだろう。

男 来る途中の高速道路で事故が起きて渋滞しているらしいよ。どうする？

女 しょうがないなあ。荷物も多いしタクシーはどうかしら？

男 タクシーはお金も時間もかかるよ。

女 じゃ、地下鉄？

男 地下鉄は人も多いし、必ずしも席があるとは限らないよ。しかも1時間半、立ちっぱなしはきついでしょ。それに荷物があると他の乗客に迷惑じゃないかな。乗り換えも大変だし…。

女 あ、それなら空港直結の特急があるよ。少々費用はかさむけど指定席をとれば周りの目を気にせずに乗れるしね。それに駅から国際線のターミナルまでは循環バスが出てるから、それ乗ったらいいみたい。

男 どっちみち、乗り換えは必要みたいだね。荷物多いのに…。まあ、しょうがないか。

二人は何に乗って行きますか。

1 リムジンバス
2 特急列車
3 タクシー
4 地下鉄

남자와 여자가 이야기하고 있습니다. 두 사람은 무엇을 타고 갑니까?

여 어라? 다음 공항 가는 리무진버스, 도착미정이라는 표시가 나왔어. 무슨 일이지?

남 오는 도중의 고속도로에서 사고가 나서 정체되고 있는 것 같아. 어떻게 할래?

여 어쩔 수 없지. 짐도 많고 하니 택시로 가는 거 어떨까?

남 택시는 돈이랑 시간이 너무 들어.

여 그럼, 지하철?

남 지하철은 사람도 많고 꼭 자리가 있는 것도 아니잖아. 게다가 1시간 반 계속 서서 가는 건 너무 힘들어. 또 짐이 있으면 다른 승객한테 민폐 아닐까? 환승도 힘들고….

여 아, 그러면 공항직통 특급열차가 있어. 다소 비용이 늘지만 지정석을 끊으면 주위 사람들 신경 안 쓰고 탈 수 있고. 게다가 역부터 국제선 터미널까지는 순환버스가 다니니까 그거 타면 되는 것 같아.

남 어차피 환승은 필요한 것 같네. 짐도 많은데… 뭐, 별 수 없지.

두 사람은 무엇을 타고 갑니까?

1 리무진버스
2 특급열차
3 택시
4 지하철

空港行き 공항행 | 到着未定 도착미정 | 表示 표시 | 途中 도중 | 高速道路 고속도로 | 事故 사고 | 渋滞 정체 | しょうがない 어쩔 수 없다 | 荷物 짐 | ~かしら ~일까(주로 여성이 씀) | 必ずしも~とは限らない 반드시 ~라고는 한정할 수 없다 | しかも 게다가 | ~っぱなし ~한 채로 | きつい 정도가 심하다, 고되다 | 乗客 승객 | 迷惑 민폐 | 乗り換え 환승 | 直結 직결 | 特急 특급 | 少々 조금, 잠시 | 費用 비용 | かさむ 불어나다, 많아지다 | 指定席をとる 지정석을 끊다 | 気にせずに 신경 쓰지 않고 | 国際線 국제선 | 循環バス 순환버스 | どっちみち 결국은, 어차피

問題2

1番

男の人と女の人が話しています。女の人は何キロ痩せましたか。

男　うわ～。見ないうちに、ずいぶん痩せたね。見違えたよ。何をしたら、そんな別人のように痩せられるの？

女　最初は私も何をしていいか分からなかったから、とりあえず、糖質制限ダイエットで、炭水化物や糖質を食べないようにしたの。それで1か月に5キロ落ちたよ。でもその反動で7キロ、リバウンドしちゃって。無理に食事制限しても意味がなかったから、今度は毎日ジムで3時間運動したらまた10キロ痩せたの。それから、ヨガにも通って3キロまた落ちて、今に至るってわけ。

女の人は何キロ痩せましたか。

1　3 kg

2　7 kg

3　9 kg

4　11kg

문제2

1번

남자와 여자가 이야기하고 있습니다. 여자는 몇 키로 감량했습니까?

남　우와~ 안 본 사이에 엄청 빠졌다. 못 알아봤어. 뭘 하면 그렇게 딴사람처럼 살이 빠져?

여　처음엔 나도 뭘 하면 좋을지 몰라서, 일단 당질제한 다이어트로 탄수화물이랑 당질을 안 먹도록 했어. 그걸로 한 달에 5키로 빠졌지. 그런데 그 반동으로 7키로 요요가 와서 말이지. 무리하게 식사 제한해도 의미가 없어서, 이번에는 매일 헬스장에서 3시간 운동했더니 다시 10키로 빠졌어. 그리고 나서 요가도 다니고 해서 또 3키로 빠져서, 지금에 이른 거지.

여자는 몇 키로 감량했습니까?

1　3kg

2　7kg

3　9kg

4　11kg

痩せる 마르다, 살빠지다 | 見ないうちに 안 보는 사이에 | ずいぶん 상당히, 꽤 | 見違える 몰라 보다, 잘못 보다 | 別人 다른 사람 | 最初 최초, 맨처음 | とりあえず 우선 | 糖質制限 당질제한 | 炭水化物 탄수화물 | 落ちる (살이) 빠지다 | 反動 반동, 리바운드 | リバウンド 다시 튀어나옴, 리바운드, (다이어트의) 요요현상 | 意味 의미 | ジム 헬스장 | ～に通う ～에 다니다 | ～に至る ～에 이르다 | わけ 까닭, 이유

男の人と女の人が話しています。女の人はどうして まだ会社で仕事をしていますか。

男　山田部長、まだいらっしゃったんですか。

女　うん、仕事がまだ残ってて。

男　そういえば、田中さんがインフルエンザで休みなんですよね。そのしわ寄せが部長に？

女　まあ、困ったときはお互いさまだし。引き継ぎもちゃんとしたから、もう、それは…。

男　じゃ、他の先輩方より早く出世されたことを気にして、たくさんの仕事を抱えていらっしゃるのではないですか。部下に示しがつかないって考えていらっしゃるのであれば、気になさらないでください。

女　そんなあ、考えすぎよ。まあ、慣れない部長という役職でプレッシャーを感じてはいるけどね。

男　では、もうご帰宅なさってはいかがですか。

女　実は明日、どうしても抜けられない用事があって、定時で帰らなければならなくて…。だから明日の分の仕事をあらかじめやっておこうと思ってね。

男　そうだったんですか。

女　夫がね、ニューヨーク出張から帰ってくるの。私の個人的な予定のせいでみんなに迷惑かけられないでしょ？でも、心配かけちゃったみたいで、ごめんなさいね。

女の人はどうしてまだ会社で仕事をしていますか。

1　田中さんの分の仕事をするため
2　部下たちに見本を見せるため
3　部長としての仕事が多すぎるため
4　次の日の分の仕事をするため

남자와 여자가 이야기하고 있습니다. 여자는 어째서 아직 회사에서 일을 하고 있습니까?

남　야마다 부장님, 아직 계셨어요?

여　응, 일이 아직 남아서.

남　그러고 보니, 다나카 씨가 독감으로 쉬죠? 그 여파가 부장님께?

여　뭐, 곤란할 때는 서로 돕고 하는 거지. 업무인계도 확실히 했으니까, 이제 그런 건….

남　그럼, 다른 선배들보다 빨리 출세하신 걸 신경 써서 많은 업무를 떠안고 계시는 건 아닌가요? 부하직원에게 모범이 되지 못한다고 생각하고 계신다면 신경 쓰시지 마세요.

여　에이~ 지나친 생각이야. 뭐, 익숙하지 않은 부장이라는 자리 때문에 중압감을 느끼고는 있지만.

남　그렇다면 이제 귀가하시는 건 어떠십니까?

여　실은 내일 도저히 뺄 수 없는 일이 있어서 정시에 퇴근해야 하거든. 그래서 내일 해야 할 업무를 미리 해두려고.

남　그러셨군요.

여　남편이 뉴욕 출장에서 돌아오거든. 내 개인적인 일정 때문에 모두에게 피해를 끼칠 수는 없잖아? 그치만 걱정 끼친 것 같아서 미안하네.

여자는 어째서 아직 회사에서 일을 하고 있습니까?

1　다나카 씨가 해야 할 일을 하기 위해서
2　부하직원에게 본보기를 보여주기 위해서
3　부장으로서의 업무가 너무 많아서
4　다음 날 해야 할 업무를 하기 위해

いらっしゃる 가시다, 오시다, 계시다 | 残る 남다 | そういえば 그러고 보니 | インフルエンザ 독감 | しわ寄せ 여파 | お互いさま 피차 마찬가지임 | 引き継ぎ 인계 | 出世 출세 | 抱える 떠안다 | 示しがつかない 모범이 되지 못하다, 기강이 서지 않는다 | 気になさる 신경쓰시다(気にする의 존경표현) | 慣れる 익숙해지다 | 役職 임원직, 관리직 | プレッシャー 심리적 압박 | 帰宅 귀가 | お/ご~なさる ~하시다 | いかがですか 어떠십니까(どうですか의 존경어) | どうしても 도저히 | 定時 정시 | 分 몫 | あらかじめ 미리, 사전에 | 個人的 개인적 | 迷惑をかける 민폐를 끼치다 | 見本 본보기, 모범

男の人と女の人が話しています。男の人はリニューアルオープンしたジムのどこが良くないと言っていますか。

女　この前リニューアルオープンした、あのジム行ってみた？

男　うん、早速行ってみたよ。でも、なんだかなあ。僕は前の方が良かったな。

女　え、なんで？運動器具も増えたし、施設も新しいし、ヨガ教室とかレッスンの種類も豊富だって聞いたよ。

男　それはそうなんだけど、僕の楽しみが一つ減っちゃってさ。リニューアルオープンなんて中の改装だけだから、敷地面積は変わらないんだ。なのに器具が増えたり、レッスンの種類が増えたりしただろ？運動スペースは拡張されたけど、その分お風呂のスペースが縮小されたんだよ。

女　そうだったんだあ。ほとんどの人が運動目的で行くから仕方ないよね。あなたみたいな人は少数派だもんね。

男　運動の後に入るお風呂は気持ちが良かったんだけどなあ〜。

男の人はリニューアルオープンしたジムのどこが良くないと言っていますか。

1　運動器具が増えたこと
2　レッスンの種類が増えたこと
3　設備が新しいこと
4　入浴施設が狭くなったこと

남자와 여자가 이야기하고 있습니다. 남자는 리뉴얼 오픈한 헬스장의 어디가 좋지 않다고 말하고 있습니까?

여　일전에 리뉴얼 오픈한 그 헬스장, 가 봤어?

남　응, 바로 가 봤지. 근데 뭐랄까? 나는 그 전이 더 좋았어.

여　어? 왜? 운동기구도 늘고 시설도 새롭고 요가교실이라든가 레슨 종류도 풍부하다고 들었는데.

남　그건 그런데, 내 즐거움이 하나 줄었거든. 리뉴얼 오픈은 내부공사 뿐이니까 부지면적은 바뀌지 않아. 그런데 기구가 늘고 레슨 종류가 늘었지? 운동할 수 있는 공간은 확장됐지만, 그 만큼 목욕하는 공간은 축소된 거지.

여　그랬구나. 대부분의 사람이 운동 목적으로 가니까 어쩔 수 없지. 너 같은 사람은 소수파니까.

남　운동 후에 목욕하는 게 기분 좋았는데~.

남자는 리뉴얼 오픈한 헬스장의 어디가 좋지 않다고 말하고 있습니까?

1　운동기구가 늘어난 것
2　레슨의 종류가 늘어난 것
3　설비가 새로운 것
4　목욕시설이 좁아진 것

リニューアルオープン 리뉴얼 오픈 | 早速 즉시, 바로 | なんだか 왠지 모르게 | 運動器具 운동기구 | 増える 늘다 | 施設 시설 | 種類 종류 | 豊富 풍부함 | 楽しみ 즐거움 | 改装 개장 | 敷地 부지 | 面積 면적 | 拡張 확장 | その分 그 만큼 | お風呂 목욕탕 | 縮小 축소 | 仕方ない 어쩔 수 없다 | 少数派 소수파 | 〜もん 〜한 걸(〜ものの 회화체로 변명이나 이유를 나타냄) | 気持ち 기분, 마음 | 設備 설비 | 入浴 입욕, 목욕

男の人と女の人が話しています。女の人は何に一番驚きましたか。

男 君も来ればよかったのに、同窓会。みんな変わってたよ。何といっても田中君。君も覚えてるだろ？

女 ええ、もちろんよ。クラスメイトだったんだから。田中君がどうしたの？

男 田中君、今何してると思う？俳優だよ。暗くて、おとなしいあの田中君がだよ。意外だろ？

女 へえ～。

男 しかも、整形して、あの時の面影は一切ないし、同窓会で会った時は誰かと思ったよ。それに今は海外の大学に通ってるんだって。頭も良くって完璧だよな。

女 え、あの田中君が？田中君、性格は優しいけど、勉強はできなかったし、いつも成績悪くて補習受けてたのに…。人間分からないものね。本当信じられない。

男 驚くのはまだ早いよ。もっとびっくりすることがあるんだ。実は田中君、学生時代、君のことが好きだったんだって。君も田中君のこと好きって言ってなかったっけ？両想いだったんだね。

女 ええ、そうね。

男 何だよ、その反応は。もっと驚くと思ってたのに…。

女 何となく、女の勘でそうじゃないかなって…。

男 な～んだ。

女の人は何に一番驚きましたか。
1 田中君が芸能人になったこと
2 田中君が整形していたこと
3 田中君が海外の大学に進学していたこと
4 田中君が女の人のことを好きだったこと

남자와 여자가 이야기하고 있습니다. 여자는 무엇에 가장 놀랐습니까?

남 너도 왔으면 좋았을 텐데…, 동창회. 모두 변했더라고. 뭐니뭐니해도 다나카군. 너도 기억하지?

여 응, 당연하지. 같은 반 친구였으니까. 다나카군이 왜?

남 다나카군 지금 뭐하고 있을 것 같아? 배우야~. 어둡고 얌전했던 그 다나카군이 말이지. 의외지?

여 아~.

남 게다가 성형해서 그 때의 모습은 전혀 찾아볼 수가 없어서, 동창회에서 만났을 때에는 누군가 했어. 그리고 지금은 해외에 있는 대학에 다니고 있대. 머리도 좋고 완벽해.

여 어? 그 다나카군이? 다나카군, 성격은 좋은데 공부는 못했었고, 맨날 성적이 나빠서 보충수업 들었는데…. 사람 일 모른다. 진짜 믿을 수 없어.

남 놀라기에는 아직 일러. 더 놀라운 게 있어. 사실은 다나카군, 학교 다닐 때 너 좋아했대. 너도 다나카군 좋아한다 하지 않았나? 서로 좋아하고 있었네.

여 응, 그러네.

남 뭐야, 그 반응은. 더 놀랄 줄 알았는데….

여 왠지 여자의 감으로 그런 거 아닌가 했었어.

남 뭐야~.

여자는 무엇에 가장 놀랐습니까?
1 다나카군이 연예인이 된 것
2 다나카군이 성형한 것
3 다나카군이 해외에 있는 대학에 진학한 것
4 다나카군이 여자를 좋아했던 것

驚く 놀라다 | 同窓会 동창회 | 何といっても 뭐니뭐니해도 | クラスメイト 반 친구 | 俳優 배우 | おとなしい 온순하다, 얌전하다 | 意外 의외 | しかも 게다가 | 整形 성형 | 面影 옛날 모습, 생김새 | 一切 일절 | ～って ～래 | 完璧 완벽함 | 性格 성격 | 補習수업 보충수업 | びっくりする 깜짝 놀라다 | ～っけ ～였나, ～랬나 | 両想い 서로 좋아함 | 反応 반응 | 何となく 왠지 모르게 | 女の勘 여자의 감

5番

<ruby>男<rt>おとこ</rt></ruby>の<ruby>人<rt>ひと</rt></ruby>と<ruby>女<rt>おんな</rt></ruby>の<ruby>人<rt>ひと</rt></ruby>が<ruby>話<rt>はな</rt></ruby>しています。どうして<ruby>女<rt>おんな</rt></ruby>の<ruby>人<rt>ひと</rt></ruby>は<ruby>男<rt>おとこ</rt></ruby>の<ruby>人<rt>ひと</rt></ruby>にワンピースを<ruby>買<rt>か</rt></ruby>ってもらわないことにしましたか。

男　<ruby>今日<rt>きょう</rt></ruby>は<ruby>僕<rt>ぼく</rt></ruby>がプレゼントするから<ruby>何<rt>なん</rt></ruby>でも<ruby>好<rt>す</rt></ruby>きなの<ruby>選<rt>えら</rt></ruby>びなよ。

女　あら、ありがとう。じゃ、お<ruby>言葉<rt>ことば</rt></ruby>に<ruby>甘<rt>あま</rt></ruby>えて。このワンピースなんてどうかな？

男　それも<ruby>悪<rt>わる</rt></ruby>くないけど、こっちの<ruby>花柄<rt>はながら</rt></ruby>の<ruby>方<rt>ほう</rt></ruby>が<ruby>春<rt>はる</rt></ruby>らしくていいんじゃない？

女　これ、<ruby>結構高<rt>けっこうたか</rt></ruby>いけど、<ruby>大丈夫<rt>だいじょうぶ</rt></ruby>？

男　そんなこと<ruby>気<rt>き</rt></ruby>にしないでよ。そんなに<ruby>高<rt>たか</rt></ruby>くもないし。いいから、<ruby>着<rt>き</rt></ruby>てみなよ。

女　うん。このデザイン、<ruby>全体的<rt>ぜんたいてき</rt></ruby>に<ruby>小<rt>ちい</rt></ruby>さいなあ。ちょっと、<ruby>二<rt>に</rt></ruby>の<ruby>腕<rt>うで</rt></ruby>がきついけど、いいかな。

男　すごい<ruby>似合<rt>にあ</rt></ruby>ってるよ。<ruby>見<rt>み</rt></ruby>た<ruby>目<rt>め</rt></ruby>では、<ruby>小<rt>ちい</rt></ruby>ささを<ruby>感<rt>かん</rt></ruby>じないけどなあ。あ、これポイントカード<ruby>所有者<rt>しょゆうしゃ</rt></ruby>は３<ruby>割引<rt>わりび</rt></ruby>きだって。<ruby>君<rt>きみ</rt></ruby><ruby>持<rt>も</rt></ruby>ってる？

女　え？<ruby>私<rt>わたし</rt></ruby>、そのポイントカード<ruby>家<rt>いえ</rt></ruby>に<ruby>置<rt>お</rt></ruby>いてきちゃった。もったいないし、<ruby>今日<rt>きょう</rt></ruby>はいいや。

男　まったくセールに<ruby>弱<rt>よわ</rt></ruby>いんだから…。

<ruby>どうして<ruby>女<rt>おんな</rt></ruby>の<ruby>人<rt>ひと</rt></ruby>は<ruby>男<rt>おとこ</rt></ruby>の<ruby>人<rt>ひと</rt></ruby>にワンピースを<ruby>買<rt>か</rt></ruby>ってもらわないことにしましたか。

1　<ruby>値段<rt>ねだん</rt></ruby>が<ruby>高<rt>たか</rt></ruby>かったから

2　デザインが<ruby>気<rt>き</rt></ruby>に<ruby>入<rt>い</rt></ruby>らなかったから

3　ポイントカードを<ruby>家<rt>いえ</rt></ruby>に<ruby>置<rt>お</rt></ruby>いてきたから

4　サイズが<ruby>合<rt>あ</rt></ruby>わなかったから

5번

남자와 여자가 이야기하고 있습니다. 여자는 왜 남자에게 원피스를 선물 받지 않기로 했습니까?

남　오늘은 내가 선물할 테니 뭐든지 좋아하는 거 골라봐.

여　어머, 고마워. 그럼, 사양 않고 (골라볼게). 이 원피스는 어때?

남　그것도 나쁘지 않은데, 이쪽 꽃무늬가 더 봄 느낌 나고 괜찮지 않아?

여　이거 꽤 비싼데 괜찮겠어?

남　그런 거 신경 쓰지마. 그렇게 비싸지도 않고. 괜찮으니까 입어 봐.

여　응. 이 디자인, 전체적으로 작네. 팔 위쪽이 좀 끼긴 한데 괜찮으려나.

남　너무 잘 어울려. 겉으로 보기에는 작은 것 같지도 않고. 아, 이거 포인트카드 가지고 있는 사람은 30%할인이래. 당신, 가지고 있어?

여　어? 나 그 포인트카드 집에 두고 왔어. 아깝기도 하니 오늘은 됐어.

남　정말이지 세일에 약하다니까….

여자는 왜 남자에게 원피스를 선물 받지 않기로 했습니까?

1　가격이 비쌌기 때문에

2　디자인이 마음에 들지 않기 때문에

3　포인트카드를 집에 두고 왔기 때문에

4　사이즈가 맞지 않았기 때문에

お言葉に甘えて 말씀을 고맙게 받아들여 | 花柄 꽃무늬 | 春らしい 봄답다 | 結構 꽤, 상당히 | 全体的 전체적 | 二の腕 위팔 | きつい 꽉 끼다, 여유가 없다 | 似合う 어울리다 | 見た目 겉모습, 외견 | 所有者 소유자 | 割引き 할인 | もったいない 아깝다 | まったく 완전, 정말이지, 아주 | 値段 가격 | 気に入る 마음에 들다 | 合う 맞다

6番

男の学生と女の学生が話しています。男の学生は女の学生に彼氏ができたことをどうして知ったのですか。

男 美智子ちゃん、最近、かわいらしくなったよね。彼氏できただろう？僕知ってるよ。

女 え、私SNSにも書いてないし、まだ誰にも話してないのにどうして知ってるの？

男 え、本当に誰にも？

女 う〜ん。あ！もしかして山田さんかな。

男 山田さん？いや、違うけど。

女 そう？山田さん、おしゃべりだから。てっきり…。

男 山田さん、うわさ好きなのに、なんでよりによって山田さんに話しちゃったの？言ってくれって言ってるようなもんじゃん。

女 話したんじゃなくて、手をつないでいたところ見られちゃって…。でも、佐藤君はどうして分かったの？

男 美智子ちゃん、分かりやすいんだもん。いつも顔に出てるよ。

男の学生は女の学生に彼氏ができたことをどうして知ったのですか。

1 SNSで彼氏の写真を見たから
2 男の人と手をつないでいたのを見たから
3 山田さんに聞いたから
4 嬉しそうな顔をしていたから

6번

남학생과 여학생이 이야기하고 있습니다. 남학생은 여학생에게 남자친구가 생긴 것을 어떻게 알았습니까?

남 미치코, 요즘 예뻐졌어. 남자친구 생겼지? 난 알고 있지.

여 어? 나 SNS에도 안 올리고, 아직 아무한테도 말 안 했는데 어떻게 알았어?

남 어? 진짜 아무한테도?

여 음~. 아! 혹시 야마다 씨인가.

남 야마다 씨? 아니, 아닌데.

여 그래? 야마다 씨 말이 많으니까, 틀림없이 (그 쪽이라고 생각했는데).

남 야마다 씨 가십거리 좋아하는데, 어째서 하필이면 야마다 씨한테 말했어? 퍼트려달라고 말하는 거랑 똑같잖아.

여 말한 게 아니라 손 잡고 있는 걸 들켰어. 근데, 사토 군은 어떻게 알았어?

남 미치코, 알기 쉬운 타입인 걸. 늘 얼굴에 드러나 있어.

남학생은 여학생에게 남자친구가 생긴 것을 어떻게 알았습니까?

1 SNS에서 남자친구 사진을 봤기 때문에
2 남자와 손 잡고 있는 것을 봤기 때문에
3 야마다 씨한테 들었기 때문에
4 즐거운 듯한 얼굴을 하고 있었기 때문에

彼氏 남자친구 | かわいらしい 귀엽다 | もしかして 혹시, 어쩌면 | おしゃべり 수다쟁이, 수다 | てっきり 완전히, 틀림없이 | うわさ好き 남의 말 하기 좋아하는 사람 | よりによって 하필이면 | 手をつなぐ 손을 (맞)잡다 | わかりやすい 알기 쉽다 | 顔に出る 얼굴(표정)에 드러나다 | 嬉しい 기쁘다, 즐겁다

70

問題3

문제3

1番

ある講演会で男の人が話しています。

男 最近、耳掃除用の道具が多様に進化していますね。見た目もかっこよくて実用性もある耳かきが増えてきています。確かに耳掃除って気持ちがいいですよね。それに、耳掃除をしないと耳垢が溜まって耳が聞こえにくくなったり湿疹ができたりします。でもやりすぎも問題で、場合によっては耳の中を傷つけてしまうことがあるんです。耳垢は殺菌効果や虫などの侵入を防ぐ働きもします。ですから耳掃除のやりすぎは耳の健康のためにも良くありません。月に一回2分程度無理なくできる範囲でするのが理想的です。みなさんも安全な耳掃除で耳の健康を保ちましょう。

男の人は何について話していますか。
1 多様な耳掃除の道具について
2 正しい耳掃除の方法について
3 耳の役割について
4 耳の病気の予防法について

1번

어느 강연회에서 남자가 이야기하고 있습니다.

남 최근 귀청소용 도구가 다양하게 진화되고 있죠. 보기에도 멋스럽고 실용성 또한 갖춘 귀이개가 늘고 있습니다. 확실히 귀 청소는 기분이 좋죠. 게다가 귀 청소를 하지 않으면 귀지가 쌓여 귀가 잘 안 들리거나 습진이 생기기도 하죠. 하지만 지나친 것도 문제여서, 경우에 따라서는 귓속에 상처를 낼 때가 있습니다. 귀지는 살균효과나 벌레 등의 침입을 막는 기능도 합니다. 따라서 지나친 귀 청소는 귀 건강을 위해서도 좋지 않습니다. 한 달에 1번, 2분정도 무리 없이 할 수 있는 범위에서 하는 것이 이상적입니다. 여러분도 안전한 귀청소로 귀 건강을 유지합시다.

남자는 무엇에 대해서 이야기하고 있습니까?
1 다양한 귀청소 도구에 대해서
2 올바른 귀청소 방법에 대해서
3 귀의 역할에 대해서
4 귓병의 예방법에 대해서

講演会 강연회 | 耳掃除用 귀청소용 | 道具 도구 | 多様に 다양하게 | 進化 진화 | 見た目 겉보기, 외견 | かっこいい 멋있다 | 実用性 실용성 | 耳かき 귀이개 | 確かに 확실히, 분명히 | 耳垢 귀지 | 溜まる 쌓이다 | 湿疹ができる 습진이 생기다 | やりすぎ 지나치게 함 | 場合によって 경우에 따라서 | 傷つける 상처입히다 | 殺菌効果 살균효과 | 虫 벌레 | 侵入 침입 | 防ぐ 막다, 방지하다 | 働き 작용, 기능 | 程度 정도 | 範囲 범위 | 理想的 이상적 | 健康 건강 | 保つ 유지하다 | 正しい 올바르다 | 役割 역할 | 予防法 예방법

2番

登山家が話しています。

男 登山は山に関心がない人の目には、ただ山を登るにすぎない、つまらないものに映るでしょう。山頂に到着するまではつらく、苦しい過程を乗り越えていかなければならず、また到着してもそこからまた歩いて下山しなければいけない単調な運動ではあります。しかし、登り切ったあとの達成感と爽快感は経験した人にしか味わうことはできません。そう、登山の魅力は山に登った人にしか分からないの

2번

등산가가 이야기하고 있습니다.

남 등산은 산에 관심이 없는 사람들 눈에는 단지 산에 오르는 것에 불과하고, 지루한 것으로 비춰지겠지요. 산 정상에 도착할 때까지는 괴롭고 힘든 과정을 극복하지 않으면 안 되고, 또한 도착해도 거기서부터 다시 걸어 내려오지 않으면 안 되는 단조로운 운동이기는 합니다. 하지만, 끝까지 오른 후의 성취감과 상쾌함은 경험한 사람밖에 맛볼 수 없죠. 그렇습니다. 등산의 매력은 산에 오른 사람밖에 모르는 것입니다. 높은 산에 오르면 오를수록 물론 지치고 힘

です。高い山に登れば登るほど、もちろん疲れますし、難しいこともあります。それだけに、成功すると、またさらに高い山に登りたくなるのかもしれません。

든 것도 있습니다. 그런 만큼 달성하면 또 더욱더 높은 산에 오르고 싶어지는 것일지도 모릅니다.

男の人は何について話していますか。

1 登山の難しさ
2 登山のおもしろさ
3 登山の大変さ
4 登山の危険性

남자는 무엇에 대해서 이야기하고 있습니까?

1 등산의 어려움
2 등산의 재미
3 등산의 고됨
4 등산의 위험성

登山家 등산가 | 関心 관심 | ただ 단, 오로지 | 〜にすぎない 〜에 불과하다 | つまらない 시시하다, 지루하다 | 映る 비춰지다 | 山頂 산 정상 | 到着 도착 | つらい 괴롭다 | 苦しい 괴롭다, 고통스럽다 | 乗り越える 극복하다 | 下山 하산 | 単調 단조로움 | 登り切る 끝까지 오르다 | 達成感 달성감 | 爽快感 상쾌감 | 味わう 맛보다 | 魅力 매력 | 〜ば〜ほど 〜하면 〜할수록 | それだけに 그런만큼 | 成功 성공 | さらにその上に, 더욱더 | 危険性 위험성

3番

女の人が話しています。

女　健康に気をつかっている方、必見です。
今日、ご紹介するこの靴下はすでにダイエット、姿勢改善などで美容業界でも話題になっており、売り切れ続出中なんです。しかも、この靴下、ただの靴下ではないんです。履くだけで通常のウォーキングの2.5倍の運動効果が期待でき、筋肉のバランスがとれ、正しい姿勢にもしてくれる優れものです。靴下といえば匂いが気になりますが、この靴下は脱臭効果があるので、その心配も無用です。

3번

여자가 이야기하고 있습니다.

여　건강에 신경쓰는 분들, 꼭 보셔야 합니다.
오늘 소개해드릴 이 양말은 이미 다이어트, 자세 개선 등으로 미용업계에서도 화제가 되고 있어서 매진속출입니다. 게다가 이 양말, 보통 양말이 아닙니다. 신기만 해도 평상시 워킹의 2.5배의 운동 효과를 기대할 수 있으며, 근육의 균형이 잡혀 올바른 자세로도 만들어 주는 뛰어난 제품입니다. 양말이라고 하면 냄새가 신경 쓰이지만, 이 양말은 탈취효과가 있으니 그런 걱정도 필요 없습니다.

女の人は何について話していますか。

1 靴下の重要性
2 靴下についての悩み
3 靴下の正しい履き方
4 機能的な靴下の紹介

여자는 무엇에 대해서 이야기하고 있습니까?

1 양말의 중요성
2 양말에 대한 고민
3 양말을 올바르게 신는 방법
4 기능적인 양말 소개

健康 건강 | 気をつかう 신경쓰다 | 必見 반드시 봐야 함 | 紹介 소개 | 靴下 양말 | すでに 이미 | 姿勢改善 자세 개선 | 美容業界 미용업계 | 話題 화제 | 売り切れ 매진 | 続出中 속출중 | しかも 게다가 | ただ 보통, 그냥 | 履く 신다 | 〜だけで 〜만으로, 〜하기만 해도 | 通常 평소, 통상 | ウォーキング 워킹, 걷기 | 効果 효과 | 期待 기대 | 筋肉 근육 | バランスがとれる 균형이 잡히다 | 優れもの 뛰어난 물건 | 〜といえば 〜라고 하면 | 匂い 냄새 | 気になる 신경 쓰이다 | 脱臭 탈취 | 無用 필요 없음 | 重要性 중요성 | 悩み 고민 | 機能的 기능적

4番

女の人が話しています。

女　家庭でお悩みの男性のみなさん、朗報です。今回の研究で男性が家事をすることによって家庭トラブルが軽減されるという研究結果がアメリカで発表されました。さらに言うと、子供が見ているところで普段から家事をすることが大事です。男性が家事をするカップルは関係の満足度が高く、夫婦円満で、子供にも良い影響が見られました。厳しくしつけるより、夫婦で家事を分担する姿を子供に見せる方が子供はいい子に育ちますし、奥さんとの家庭不和もなくなり、余計なトラブルに頭を悩まされることもなくなるのです。まさに一石二鳥ですね。

女の人の話の主な内容は何ですか。

1 家庭トラブルの解決方法
2 正しい家事の方法
3 良好な家族関係の築き方
4 正しい子育て方法

4번

여자가 이야기하고 있습니다.

여　가정에서 고민이 있으신 남성 여러분, 반가운 소식입니다. 이번 연구에서 남성이 집안일을 하는 것으로, 가정불화가 경감된다는 연구결과가 미국에서 발표되었습니다. 덧붙여 말씀 드리자면, 아이가 보고 있을 때에 평소부터 집안일을 하는 것이 중요합니다. 남성이 집안일을 하는 커플은 관계만족도가 높고, 부부원만하고, 아이들에게도 좋은 영향이 보여졌습니다. 엄격하게 예절교육을 시키는 것보다 부부가 집안일을 분담하는 모습을 자녀에게 보여주는 쪽이 착한 아이로 성장하고, 부인과의 가정불화도 없어져 쓸데없는 트러블로 골치를 썩이게 되는 일도 없어집니다. 그야말로 일석이조네요.

여자의 이야기의 주된 내용은 무엇입니까?

1 가정불화의 해결 방법
2 올바른 집안일의 방법
3 양호한 가족관계를 쌓는 방법
4 올바른 육아 방법

家庭 가정 | お悩み 고민 | 朗報 기쁜 소식 | 研究 연구 | 家事 집안일, 가사 | ~によって ~에 의해 | 軽減 경감 | 発表 발표 | さらに言うと 더 말하자면 | 普段 평소, 평상시 | 関係 관계 | 満足度 만족도 | 夫婦 부부 | 円満 원만함 | 影響 영향 | しつける (예의범절을) 가르치다 | 分担する 분담하다 | 不和 불화 | 余計な 쓸데없는 | 頭を悩ます 골치 썩이다 | まさに 그야말로 | 一石二鳥 일석이조 | 主な 주된 | 良好な 양호한 | 築く 쌓다, 구축하다 | 子育て 육아

5番

女の人が話しています。

女　本格的な冬到来で、最近では各地で雪も降り始め、冬の訪れを感じることが多いですよね。冬は寒さももちろんですが、冷たく乾燥した空気が厄介です。風邪を引くのもこの時期に最も多いですよね。風邪の症状は様々ですが、のどの痛みやせき、鼻水などが主な症状です。特に鼻づまりは、息苦しく、不快なだけでなく不眠症の原因にもなります。冬の長い夜に眠れないのはつらいですよね。そんな時は、蒸しタオルで鼻を温めるのが効果的だと言われています。血流が良くなり一時的に鼻の通

5번

여자가 이야기하고 있습니다.

여　본격적으로 겨울이 찾아와, 최근에는 각지에서 눈도 내리기 시작해, 겨울이 찾아 온 것을 느끼는 일이 많죠. 겨울은 추위도 물론이지만, 차갑고 건조한 공기가 골칫거리입니다. 감기에 걸리는 것도 이 시기에 가장 많죠. 감기의 증상은 다양하지만 목의 통증이나 기침, 콧물 등이 주된 증상입니다. 특히 코 막힘은 숨쉬기 괴롭고, 불쾌할 뿐만 아니라 불면증의 원인도 됩니다. 기나긴 겨울 밤에 잠 못 드는 것은 괴로운 일이죠. 그럴 때 스팀타월로 코를 따뜻하게 해주는 것이 효과적이라고 합니다. 혈류가 좋아져서 일시적으로 코의 순환이 좋아집니다. 여러분도

りが良くなります。みなさんも一度試してみ
てはいかがでしょうか。

한번 시도해 보는 것은 어떨까요?

女の人は何について話していますか。
1 風邪の予防策について
2 不眠症の症状について
3 風邪をひくメカニズムについて
4 鼻づまりの解消法について

여자는 무엇에 대해서 이야기하고 있습니까?
1 감기의 예방책에 대해서
2 불면증의 증상에 대해서
3 감기에 걸리는 구조에 대해서
4 코 막힘의 해소법에 대해서

本格的 본격적 | 冬到来 겨울이 찾아옴 | 各地 각지 | 訪れ 찾아옴 | 乾燥 건조 | 厄介 귀찮음, 성가심 | 風邪を引く 감기에 걸리다 | 時期 시기 | 症状 증상 | 様々 다양함 | のど 목 | 痛み 통증 | せき 기침 | 鼻水 콧물 | 主な 주된 | 鼻づまり 코 막힘 | 息苦しい 숨 쉬기 괴롭다 | 不快 불쾌함 | ～だけでなく ～뿐만 아니라 | 不眠症 불면증 | 原因 원인 | 蒸しタオル 스팀타올 | 温める 따뜻하게 하다 | 効果的 효과적 | 血流 혈류 | 試す 시도하다 | 予防策 예방책 | メカニズム 메커니즘, 구조 | 解消法 해소법

問題4 / 문제4

1番 / 1번

男 入社してどのくらいになるんですか。
女 1 3年前に一度訪れたことがあります。
　　2 1カ月後には2年生になります。
　　3 今年で4年目です。

남 입사한 지 얼마나 되었어요?
여 1 3년 전에 한번 방문한 적이 있어요.
　　2 한달 후면 2학년이 돼요.
　　3 올해로 4년차예요.

入社 입사 | 訪れる 방문하다, 찾아오다 | ～目 ～째, ～차

2番 / 2번

男 申請書の締め切り、いつまでだっけ？
女 1 明後日までだったような…。
　　2 うん、火曜日からだって。
　　3 2000円だったよ。

남 신청서 마감, 언제까지였지?
여 1 모레까지였던 것 같은데….
　　2 응, 화요일부터래.
　　3 2000엔이었어.

申請書 신청서 | 締め切り 마감 | ～っけ ～였지? | 明後日 모레 | ～って ～래

3番 / 3번

女 これ賞味期限、五日前よ。
男 1 どうりで、おいしいはずだね。
　　2 え、お腹こわしたらどうしよう。
　　3 五日間も食べられるなんて、幸せだな。

여 이거 유통기한 5일전이야.
남 1 그래서 맛있구나.
　　2 어? 배탈나면 어쩌지?
　　3 5일간이나 먹을 수 있다니 행복하다.

賞味期限 유통기한 | どうりで〜はずだ 그래서 〜구나 | お腹(を)こわす 배탈나다 | 〜なんて 〜하다니 | 幸せ 행복함

4番

女 　外はお暑かったでしょう？　今、お水をお持ち
　　 致します。

男 　1 　遠慮せずに、どうぞ。

　　 2 　どうぞ、お受け取りください。

　　 3 　どうぞ、おかまいなく。

4번

여 　밖에 많이 더우시죠? 지금 물을 가져다 드릴게요.

남 　1 　사양 말고 드세요.

　　 2 　부디 받아 주세요.

　　 3 　부디, 신경 쓰지 마세요.

お/ご〜だ 〜하시다, 〜이시다 | お/ご〜致す 〜해 드리다(致す는 する의 겸양어) | 遠慮せずに 사양 말고 | 受け取る 수취하다, 받다 | おかまいなく 신경 쓰지 마세요, 걱정 마세요

5番

女 　山田はあいにく席を外しておりまして…。

男 　1 　分かりました。また、伺います。

　　 2 　ありがとうございます。お邪魔します。

　　 3 　お口に合えばいいのですが…。

5번

여 　야마다는 공교롭게도 자리를 비우고 있어서요.

남 　1 　알겠습니다. 다시 방문하겠습니다.

　　 2 　감사합니다. 실례하겠습니다.

　　 3 　입에 맞으시면 좋을 텐데….

あいにく 공교롭게도 | 席を外す 자리를 비우다 | 伺う '방문하다, 듣다, 묻다'의 겸양어 | お邪魔する 방문하다, 실례하다 | お口に合う 입에 맞다

6番

女 　この書類、いつまでにお渡ししましょうか。

男 　1 　期待に応えられるよう、頑張ります。

　　 2 　二日から三日にかけて出張に行くよ。

　　 3 　急ぎではないけど、早いに越したことはな
　　　　 いね。

6번

여 　이 서류 언제까지 드릴까요?

남 　1 　기대에 부응할 수 있도록 노력하겠습니다.

　　 2 　2일부터 3일에 걸쳐서 출장 가.

　　 3 　급한 건 아니지만 빠르면 제일 좋죠.

書類 서류 | 渡す 건네다 | 期待 기대 | 〜に応える 〜에 부응하다 | 〜よう(に) 〜하도록 | 頑張る 열심히 하다 | 〜から〜にかけて 〜부터 〜에 걸쳐서 | 急ぎ 급함 | 〜に越したことはない 〜보다 좋은 것은 없다, 〜이 제일이다

7番

女 　バスケのメンバーが二人足りないよ。

男 　1 　二人しか来なかったら寂しいよね。

　　 2 　知り合い二人くらいなら集められなくもな
　　　　 いよ。

　　 3 　メンバーが三人とは限らないよ。

7번

여 　농구 멤버가 두 명 부족해.

남 　1 　두 명밖에 안 오면 좀 섭섭하지.

　　 2 　아는 사람 2명정도라면 모을 수 없는 것도 아냐.

　　 3 　멤버가 3명이라고는 한정할 수 없어.

バスケ 農구(バスケットボールの줄임말) | 足りない 부족하다 | 寂しい 외롭다, 쓸쓸하다 | 知り合い 지인 | ～くらいなら ～정도라면 | ～なくもない ～하지 않는 것도 아니다, ～할 수도 있다 | ～とは限らない ～라고는 한정할 수 없다

8番

男 この料理しょっぱくないか？
女 1 忙しくて味見できなかったの。
　　2 子供向けに薄味にしといたの。
　　3 もっと塩を入れた方がいいかな。

8번

남 이 요리, 짜지 않아?
여 1 바빠서 간을 못 봤어.
　　2 애들 먹기 좋게 싱겁게 했어.
　　3 좀 더 소금을 넣는 편이 좋을까.

しょっぱい 짜다 | 味見 간보기 | ～向け ～용 | 薄味 싱거운 맛 | 塩を入れる 소금을 넣다

9番

女 山田君、あんなにイケメンなんだから、モテないわけないよね。
男 1 女友達、紹介してもらうわけにはいかないよね。
　　2 そうなんだよ。モテないって悩んでるんだ。
　　3 だからって必ずしも彼女がいるわけでもないよ。

9번

여 야마다군, 저렇게 잘생겼으니 인기 없을 리가 없어.
남 1 여자친구들, 소개받을 수 없겠지?
　　2 그래, 맞아. 인기 없다고 고민하고 있어.
　　3 그렇다고 해서 꼭 여자친구가 있는 것도 아니야.

イケメン 잘생긴 남자 | モテる 인기 있다 | ～わけ(が)ない ～일리(가) 없다 | 紹介 소개 | ～わけにはいかない ～할 수 없다 | 悩む 고민하다 | だからって 그렇다고 해서 | 必ずしも 반드시, 꼭(뒤에 부정이 옴) | ～わけでもない ～한 것도 아니다

10番

女 田中先生をご存知ですか。
男 1 はい、存じ上げております。
　　2 ええ、拝見しました。
　　3 はい、承知いたしました。

10번

여 다나카선생님을 아세요?
남 1 네, 알아요.
　　2 네, 봤어요.
　　3 네, 알겠습니다.

ご存知だ 아시다 | 存じ上げる '알다'의 겸양어 | おる '있다'의 겸양어 | 拝見する '보다'의 겸양어 | 承知いたす '알다'의 겸양어

11番

女 薬飲んだら良くなった？
男 1 薬といってもわりと安いよ。
　　2 良くなるどころかますます悪化したよ。
　　3 病院行くついでに薬買ってくるよ。

11번

여 약 먹었더니 좀 나아졌어?
남 1 약이라고 해도 비교적 싸.
　　2 좋아지기는커녕 점점 악화됐어.
　　3 병원 가는 김에 약 사올게.

薬を飲む 약을 먹다 | ～といっても ～라고 해도 | わりと 비교적 | ～どころか ～는커녕 | ますます 점점 | 悪化 악화 | ～ついでに ～하는 김에

薬を飲む 약을 먹다 | ～といっても ～라고 해도 | わりと 비교적 | ～どころか ～는커녕 | ますます 점점 | 悪化 악화 | ～ついでに
～하는 김에

12番

男　なんでこんなに遅かったの？

女　1　道に迷ったあげく、バスにも乗り遅れちゃっ
　　　　て。
　　2　先生が君のこと呼んでたよ。
　　3　会社を休みがちになっちゃって。

迷う 헤매다, 망설이다 | ～たあげく ～한 끝에 | 乗り遅れる 차를 놓치다 | ～がち 자주 ～함

12번

남　왜 이렇게 늦었어?

여　1　길을 헤맨 끝에 버스도 놓쳐서.
　　2　선생님이 너 불렀어.
　　3　회사를 자주 쉬게 되어서.

問題5

1番

家族でアルバイトについて話しています。

女1　私、アルバイトを始めようと思ってるんだけ
　　　ど、どんなアルバイトがいいかな？

男　　アルバイト？ お小遣い足りないのか？ お父さ
　　　んがやろうか？

女2　あなた、幸子を甘やかすのはやめてください。
　　　この子にも社会勉強させないと。

女1　まあ、お小遣いが足りないってのもあるけど、
　　　友達もみんなアルバイトしてるし。1回はし
　　　てみたいなって。

男　　お父さんは、昔、コンビニでアルバイトして
　　　たぞ。お母さんは図書館でアルバイトをして
　　　て、そこでお父さんとお母さんは出会ったん
　　　だ。お母さんのエプロン姿はかわいかったな
　　　あ。

女2　やだ、お父さんったら。

女1　のろけちゃって。でも、制服がかわいい店も
　　　いいよね。ケーキ屋とかいいかも。

女2　ケーキ屋なんか大変よ。ケーキの名前とか材
　　　料とか覚えなきゃいけないんだから。

女1　そっかあ。

男　　初めてのアルバイトならコンビニが無難じゃ
　　　ないか。まあ、大変だけどな。タバコの銘柄
　　　も覚えないといけないし、レジも複雑だし。

문제5

1번

가족끼리 아르바이트에 대해 이야기하고 있습니다.

여1　나, 아르바이트 시작하려고 하는데, 어떤 아르바이
　　　트가 좋을까?

남　　아르바이트? 용돈 부족해? 아빠가 줄까?

여2　당신, 사치코 응석 받아주는 거 그만둬요. 이 애한테
　　　도 사회공부 시켜야 해요.

여1　뭐, 용돈이 부족한 것도 있지만 친구들도 다 아르바
　　　이트하고 있어서. 한번은 해보고 싶어.

남　　아빠는 옛날에 편의점에서 아르바이트 했었어. 엄
　　　마는 도서관에서 아르바이트를 하고 있어서, 거기
　　　서 아빠랑 엄마가 만났지. 엄마의 앞치마 입은 모습,
　　　참 귀여웠지.

여2　어머, 당신은~.

여1　팔불출이네. 하긴 유니폼이 예쁜 가게도 좋겠다. 케
　　　이크 가게 같은 곳이 좋을지도.

여2　케이크 가게 같은 곳은 힘들어. 케이크 이름이라던
　　　가 재료라던가 외워야 하니까.

여1　그런가?

남　　처음 하는 아르바이트라면 편의점이 무난하지 않
　　　아? 뭐, 그것도 힘들겠지만. 담배 상표도 외워야 하
　　　고, 계산도 복잡하고. 사치코가 할 수 있을까?

여2　그렇다면 가정교사 같은 건 어떨까? 다른 사람 가르
　　　치는 거 자기 공부도 되고, 시급도 좋고.

여1　나, 누군가 가르친 자신 없어. 나, 공부 그다지 잘하
　　　지 않는 걸. 아빠 엄마 이야기를 듣고 있으니 어쨌든

幸^{さち}子^こにできるかな。

女2 だったら、家^か庭^{てい}教^{きょう}師^しなんかはどうかしら。人^{ひと}に教^{おし}えることは自^じ分^{ぶん}の勉^{べんきょう}強にもなるし、時^じ給^{きゅう}もいいし。

女1 私^{わたし}なんかが誰^{だれ}かに教^{おし}える自^じ信^{しん}ないよ。私^{わたし}、勉^{べん}強^{きょう}あまり得^{とく}意^いじゃないもの。お父^{とう}さんとお母^{かあ}さんの話^{はなし}を聞^きいていると、どっちみち働^{はたら}くことは大^{たいへん}変なのよね。だったら、私^{わたし}はかわいい物^{もの}に囲^{かこ}まれてアルバイトをしたいな。だからあの店^{みせ}に履^り歴^{れき}書^{しょ}出^だしてみる。

女^{おんな}の子^こは何^{なん}のアルバイトをするつもりですか。

1 図^{としょかん}書館
2 家^か庭^{てい}教^{きょう}師^し
3 ケーキ屋^や
4 コンビニ

일하는 건 힘든 거네. 그렇다면 나는 귀여운 것에 둘러싸여 아르바이트를 하고 싶어. 그러니까 그 가게에 이력서 내볼래.

여자아이는 무슨 아르바이트를 할 생각입니까?

1 도서관
2 가정교사
3 케이크 가게
4 편의점

お小遣い 용돈｜足りない 부족하다｜甘やかす 응석을 받아주다｜出会う (우연히) 만나다｜エプロン姿 앞치마 입은 모습｜やだ 싫다｜〜ったら 〜도 참｜のろける 자기 아내나 애인의 이야기를 남에게 자랑삼아 늘어놓다｜制服 제복, 유니폼｜材料 재료｜無難 무난함｜銘柄 상표｜レジ 계산대｜複雑 복잡함｜家庭教師 가정교사｜時給 시급｜〜なんか 〜같은거, 〜따위｜自信 자신｜得意だ 잘한다｜どっちみち 어쨌든, 결국｜だったら 그렇다면｜〜に囲まれる 〜에 둘러싸이다｜履歴書 이력서

2番

大^{だいがくせい}学生3人^{にん}がインターネットのサイトを見^みながら旅^{りょ}行^{こう}の計^{けい}画^{かく}を立^たてています。

男1 なにそれ？どっか行^いくの？

男2 何^{なに}って、サークルで行^いく卒^{そつぎょうりょこう}業旅行の計^{けい}画^{かく}立^たててるんだよ。僕^{ぼく}とゆかが卒^{そつぎょうりょこう}業旅行の計^{けい}画^{かく}を立^たてる担^{たんとう}当になっちゃって…。

女 そうなのよ。私^{わたし}は女^{じょ}子^し代^{だい}表^{ひょう}、さとしが男^{だん}子^し代^{だい}表^{ひょう}ってわけ。

男2 女^{じょ}子^しと男^{だん}子^しで行^いきたいところが違^{ちが}うから話^{はなし}がまとまらなくて…。

女 女^{じょ}子^しは韓^{かんこく}国に行^いきたいっていう子^こが結^{けっこう}いるのよ。韓^{かんこくりょうり}国料理とか化^け粧^{しょうひん}品とかで最^{さいきん}近流^は行^やってるでしょ？それに近^{ちか}くて安^{やす}いし。ショッピングもたくさんできるし。

男2 でも男^{だん}子^しは、そういうのに興^{きょうみ}味ないからね。楽^{たの}しめるかどうか…。男^{だん}子^しはイタリアがいいって意^い見^{けん}が出^でてるんだ。本^{ほんば}場のサッカーを見^み

2번

대학생 3명이 인터넷 사이트를 보면서 여행 계획을 세우고 있습니다.

남1 뭐야 그게? 어디 가?

남2 뭐냐니, 동아리에서 갈 졸업여행 계획 세우고 있어. 나랑 유카가 졸업여행 계획을 세우는 담당이 돼서 말이지.

여 응 맞아. 나는 여자대표, 사토시가 남자대표인 거지.

남2 여자랑 남자랑 가고 싶은 곳이 달라서 이야기 결말이 안 나.

여 여자는 한국에 가고 싶다는 애가 꽤 있어. 한국요리라든가 화장품이라든가 최근 유행하고 있잖아. 게다가 가깝고 싸. 쇼핑도 실컷 할 수 있고.

남2 근데 남자는 그런 거에 흥미가 없어서 말이야. 재미있어 할지 어떨지…. 남자는 이탈리아가 좋다는 의견이 나왔어. 축구의 본고장에서 축구를 보고 싶어 하는 것 같아. 남자는 스포츠 관전을 좋아하니까.

남1 좋네~ 이탈리아. 여자도 이탈리아에서 쇼핑이나 맛있는 거 먹을 수 있잖아. 관광도 할 수 있고. 이걸로

に行きたいらしくて。男子はスポーツ観戦が好きだからね。

男1 いいじゃん、イタリア。女子もイタリアでショッピングや美味しいもの食べられるんじゃない？ 観光もできるし。決まりだね？

女 でも、イタリア料理は日本でも美味しいお店あるし。ピザとかパスタは私たちしょっちゅう食べてるじゃない？ それに飛行機代だって高いし。

男1 それを言ったら、韓国料理だって同じだろ？

男2 まあまあ、二人とも落ち着いて。だったら公平に全然違うところに行ったら？ 例えばアメリカとか。観光地はいっぱいあるし、メジャーリーグの観戦もできるんじゃない？ ショッピングもできるしね。

女 いいね。それならハワイもいいんじゃない？ マラソンがある時期に行けば楽しめそうよ。参加したい人は参加して、いい思い出になりそう。日本語も通じるし、ショッピングも満足できそうだし。

男1 二つともいい考えだね。まあ、マラソンは日にちが決まってるから、その日に合わせて行くと飛行機代が高くなるなあ。やっぱり、あそこに決まりだね。早速、旅行会社に電話してみようよ。

여 결정?

여 그렇지만 이탈리아요리는 일본에서도 맛있는 가게 많고, 피자나 파스타는 우리들 맨날 먹고 있는 거잖아. 게다가 비행기 값도 비싸고.

남1 그렇게 따지면 한국요리도 똑같지.

남2 자자, 둘 다 진정해. 그럼 공평하게 전혀 다른 곳에 가는 건 어때? 예를 들면 미국이라든가. 관광지도 많이 있고, 메이저리그 관전도 할 수 있잖아? 쇼핑도 할 수 있고.

여 좋다~. 그럼 하와이도 괜찮지 않아? 마라톤이 있는 시기에 가면 재미있을 것 같아. 참가하고 싶은 사람은 참가하고, 좋은 추억이 될 듯해. 일본어도 통하고 쇼핑도 만족할 수 있을 것 같고.

남1 두 개 다 좋은 생각이네. 음, 마라톤은 날짜가 정해져 있어서 그 날에 맞춰가면 비행기 값이 비싸질 거야. 역시 거기로 결정! 당장 여행사에 전화해보자.

卒業旅行でどこに行くことにしましたか。

1 イタリア
2 韓国
3 ハワイ
4 アメリカ

졸업여행으로 어디에 가기로 했습니까?

1 이탈리아
2 한국
3 하와이
4 미국

サークル 서클, 동아리 | 卒業旅行 졸업여행 | 担当 담당 | 代表 대표 | まとまる 결정나다, 정리되다 | 結構 꽤, 상당히 | 流行る 유행하다 | 興味 흥미 | ～かどうか ～인지 아닌지 | 本場 본고장 | 観戦 관전 | 決まり 결정 | しょっちゅう 늘, 항상 | 飛行機代 비행기값 | まあまあ 자자 | 落ち着く 침착하다, 진정하다 | 公平に 공평하게 | 例えば 예를 들면 | 観光地 관광지 | マラソン 마라톤 | 参加 참가 | 思い出 추억 | 通じる 통하다 | 満足 만족 | ～とも 그것들 모두, 다같이 | 日にち 날짜, 일자 | ～に合わせる ～에 맞추다 | 早速 즉시, 당장

テレビで女の人が指輪の意味について説明をしています。

女1 指輪ははめる位置によって様々な意味があるんですよ。例えば、親指につける指輪は、古代ローマの言い伝えで望みが叶うと言われています。信念を貫き、勇気をもたらすので指導者にお勧めの指です。人差し指は行動力や自立心を象徴した指です。積極性を引き出し集中力を高めてくれます。中指は直観やひらめきを象徴した指です。協調性を高めたい人、判断力を良くしたい人にお勧めです。薬指は創造性を象徴する指で、みなさん知っての通り左手の薬指は心臓につながるとされ聖なる誓いの指とされてきました。ですから、結婚指輪はこの指なんですね。最後に小指ですが、小指は思いがけないチャンスを呼び込む指です。自分の魅力をアップさせて恋を引き寄せます。みなさんも気分によって指輪のはめる位置を変えるのもいいかもしれませんね。

男 指輪のはめる位置によって意味があるなんて知らなかったな。なかなか行動に移せない僕の性格もなおして、片思いの恋を実らせるためにもあの指に指輪をはめてみようかな。

女2 あなたの場合、恋愛だけじゃないでしょう。

男 そうだね。僕、何事にも消極的でなかなか行動できないから、あの指の方がいいかもね。

女2 そうよ。私は優柔不断だし…。何でも決めるのに時間がかかっちゃうのよね。この際、あの指にはめる指輪買っちゃおうかしら。

3번

텔레비전에서 여자가 반지의 의미에 대해서 설명을 하고 있습니다.

여1 반지는 끼는 위치에 따라 다양한 의미가 있어요. 예를 들면 엄지에 끼는 반지는 고대 로마에서 전해오는 말로 바람이 이루어진다고 합니다. 신념을 관철하고 용기를 불러일으키기 때문에 지도자에게 추천하는 손가락입니다. 검지는 행동력과 자립심을 상징하는 손가락입니다. 적극성을 끌어내어 집중력을 높여줍니다. 중지는 직관과 영감을 상징하는 손가락입니다. 협조성을 높이고 싶은 사람, 판단력을 향상시키고 싶은 사람에게 추천합니다. 약지는 창조성을 상징하는 손가락으로, 여러분들이 아시다시피 왼손의 약지는 심장에 연결된다고 하여 성스러운 맹세의 손가락으로 여겨져 왔습니다. 그렇기 때문에 결혼반지는 이 손가락인 거죠. 마지막으로 새끼손가락인데요. 새끼손가락은 생각지도 못한 찬스를 부르는 손가락입니다. 자신의 매력을 상승시켜서 사랑을 끌어당깁니다. 여러분도 기분에 따라 반지 끼는 위치를 바꾸는 것도 좋을지 몰라요.

남 반지 끼는 위치에 따라 의미가 있다니 몰랐네. 좀처럼 행동으로 못 옮기는 내 성격도 고치고, 짝사랑도 이뤄지게 저 손가락에 반지를 끼워볼까?

여2 너 같은 경우는 연애만이 아니잖아.

남 맞아. 나는 무슨 일이든 소극적이라 좀처럼 행동으로 못 옮기니까 저 손가락 쪽이 좋을지도.

여2 그래. 나는 우유부단하고…. 뭐든지 결정하는 데 시간이 걸려. 이 참에 저 손가락에 끼울 반지 사버릴까~.

質問1　男の人はどの指に指輪をはめますか。

1 親指
2 人差し指
3 中指
4 薬指

질문1　남자는 어느 손가락에 반지를 낍니까?

1 엄지
2 검지
3 중지
4 약지

質問2　女の人はどの指に指輪をはめますか。

1 親指
2 人差し指
3 中指
4 薬指

질문2　여자는 어느 손가락에 반지를 낍니까?

1 엄지
2 검지
3 중지
4 약지

指輪をはめる 반지를 끼다｜位置 위치｜親指 엄지｜～につける ～에 걸치다, ～에 끼다｜古代 고대｜言い伝え 전설, 전언｜望み 바람, 희망｜叶う 이루어지다｜信念 신념｜貫く 관철하다｜勇気 용기｜もたらす 가져오다, 초래하다｜指導者 지도자｜お勧め 추천｜人差し指 검지｜行動力 행동력｜自立心 자립심｜象徴 상징｜積極性 적극성｜引き出す 이끌어내다｜集中力 집중력｜高める 높이다｜中指 중지｜直観 직관｜ひらめき 번뜩임, 영감｜協調性 협조성｜判断力 판단력｜薬指 약지｜創造性 창조성｜～の通り ～대로｜心臓 심장｜～につながる ～에 이어지다, ～에 연결되다｜聖なる 성스러운｜誓い 맹세｜小指 새끼손가락｜思いがけない 예상치 못한, 의외의｜呼び込む 불러들이다, 끌어들이다｜魅力 매력｜アップさせる 상승시키다｜恋 사랑｜引き寄せる 끌다, 끌어당기다｜移す 옮기다｜片思い 짝사랑｜実る 결실하다, 열매를 맺다｜恋愛 연애｜何事にも 무슨 일이든｜消極的 소극적｜優柔不断 우유부단함｜この際 이참에, 이때

問題1

1番

おんな ひと おとこ ひと はな
女の人と男の人が話しています。男の人は何時に
いえ で
家を出ますか。

女　え、まだ家にいたの？

男　ああ、結婚式11時半からなんだ。早すぎると
　　電車も混んでるだろうから、ゆっくり出よう
　　と思って。ここから式場までは電車で30分だ
　　から、11時には出るよ。

女　そんな悠長なことでいいの？ 女の人なら化
　　粧直しがあるから1時間前に行くのが基本な
　　のよ。まあ、あなたはその必要はないけど、
　　もっと余裕を持って行った方がいいんじゃな
　　い？

男　そういうものかな。

女　しかも、最近の結婚式は受付での手続き以外
　　にもやることがあるのよ。私もこの前、着い
　　たと同時に新郎新婦にメッセージカードを書
　　いてくれって言われて焦ったわ。これがま
　　た下手なこと書けないし、時間がかかるのよ。

男　じゃ、30分前に着くようにするよ。

女　くれぐれも遅刻はしないようにね。晴れの日
　　に遅刻なんて失礼よ。交通機関が遅れること
　　もあるし、万一、忘れ物する可能性もあるん
　　だから。私、午後から出かけるから、届けら
　　れないわよ。私をあてにしないでね。

男　分かったよ。じゃ、1時間前に着くようにす
　　るよ。

おとこ ひと なんじ いえ で
男の人は何時に家を出ますか。

1　11時30分
2　11時
3　10時30分
4　10時

문제1

1번

**여자와 남자가 이야기하고 있습니다. 남자는 몇 시에 집을
나갑니까?**

여　뭐야, 아직 집에 있었어?

남　아~, 결혼식 11시 반부터야. 너무 빨리 나가면 전철
　　도 붐빌 거 같아서 천천히 나가려고. 여기서 식장까
　　지 전철로 30분이니까 11시에는 나갈 거야.

여　그렇게 여유 부려도 되나? 여자라면 화장도 고쳐야
　　해서 1시간 전에 가는 게 기본인데. 뭐, 당신은 그럴
　　필요는 없지만, 좀 더 여유 있게 가는 편이 좋지 않
　　겠어?

남　그런가.

여　게다가 요즘 결혼식은 접수에서의 절차 외에도 할
　　게 있어. 나도 일전에 도착하자마자 신랑신부한테
　　보내는 메시지 카드를 써달라고 해서 맘이 급했어.
　　이게 또 엉망으로 쓸 수도 없으니, 시간이 좀 걸리
　　지.

남　그럼, 30분 전에 도착하도록 할게.

여　아무쪼록 늦지 않도록 해. 경사스러운 날에 지각은
　　실례야. 교통기관이 늦는 일도 있고, 혹시 뭔가 두고
　　갈 가능성도 있으니까. 나, 오후에 나갈 거라서 못
　　가져다 줘. 나 믿지 마.

남　알았어. 그럼 1시간전에 도착하게끔 할게.

남자는 몇 시에 집을 나갑니까?

1　11시 30분
2　11시
3　10시 30분
4　10시

2番

親子で話しています。二人はこの後何を食べることにしましたか。

女1 お母さん、お腹空いた〜。夕飯まだ〜？そういえばお父さんは？

女2 今日はお父さん、飲み会でいないのよ。お父さんは焼き肉食べてくるんだって。

女1 ずるい〜。私も焼き肉食べたい。

女2 じゃ、私たちも久しぶりに贅沢しよっか？

女1 うん、いいね。だったら、出前取ろうよ。今日ぐらいお母さん、手抜きしたっていいんじゃない？カレーもいいし。あ、寿司もいいし、そばも食べたい気分。悩むなあ〜。

女2 だったら、お母さんは久しぶりに中華料理が食べたいわ。

女1 私、今日、給食で餃子が出たから、中華料理は…。ピザなんてどう？

女2 ピザはいつも食べてるじゃない。それにちょっと脂っこくて胃もたれしそう。それにどうせなら、お父さんがいる時は食べられないものにしない？

女1 お父さんは生ものが嫌いだもんね。じゃ、あれに決まりね。早速注文してくるね。

二人はこの後何を食べることにしましたか。

1 焼き肉

2 ピザ

3 寿司

4 中華料理

2번

부모와 아이가 이야기하고 있습니다. 두 사람은 이후에 무엇을 먹기로 했습니까?

여1 엄마, 배고파〜. 저녁밥 아직이야? 그러고 보니 아빠는?

여2 아빠 오늘 회식이라 안 계셔. 아빠는 불고기 드시고 온대.

여1 치사해〜. 나도 불고기 먹고 싶어.

여2 그럼, 우리도 오랜만에 비싼 거 먹을까?

여1 응, 좋아. 그럼, 배달 시키자. 오늘 하루 정도 엄마 땡땡이 쳐도 괜찮잖아? 카레도 좋고. 아, 초밥도 좋고, 메밀국수도 먹고 싶은데. 고민되네〜.

여2 그럼, 엄마는 오랜만에 중화요리가 먹고 싶네.

여1 나 오늘 급식에 만두가 나와서 중화 요리는…. 피자 같은 건 어때?

여2 피자는 맨날 먹잖아. 게다가 좀 기름져서 속도 더부룩할 것 같아. 그리고 이왕이면 아빠가 있을 때 못 먹는 걸로 하지 않을래?

여1 아빠는 날것 싫어하지. 그럼 그걸로 결정! 당장 주문하고 올게.

두 사람은 이후에 무엇을 먹기로 했습니까?

1 불고기

2 피자

3 초밥

4 중화요리

3番

男の人と女の人が話しています。女の人は写真集を見たあと、どうしなければなりませんか。

男　柴田さんって写真が趣味だったよね？

女　はい、そうなんです。撮るのも見るのも好きなんです。

男　じゃあ、これ、貸してあげるよ。僕も写真が好きでさ。この写真集の作家さんのファンなんだ。

女　奇遇ですね。私もです。わあ、これ、私見たかった写真集です。ありがとうございます。でも、私明日から旅行に行くんです。旅行に行ってからゆっくり見たいので、申し訳ないんですが、来週までお借りしていてもいいですか。

男　うん、いいよ。でも見終わったら、山本君に渡しといてくれる？山本君もこの作家さんのファンなんだ。

女　はい、分かりました。それから、私が旅行に行っている間に妹にも一度見せてあげてもいいですか。妹も写真が趣味で。

男　うん、減るもんじゃないし、いいよ。でも、汚したり、なくしたりしないように気を付けてね。

女　はい、もちろんです。その場合は新しく買って弁償しますから、安心してください。

女の人は写真集を見たあと、どうしなければなりませんか。
1 男の人に返す
2 山本君に渡す
3 妹に渡す
4 新しい物を買う

3번

남자와 여자가 이야기하고 있습니다. 여자는 사진집을 본 후 어떻게 해야 합니까?

남　시바타 씨, 사진이 취미였지?

여　네, 맞아요. 찍는 것도 보는 것도 다 좋아해요.

남　그럼, 이거. 빌려 줄게. 나도 사진 좋아하거든. 이 사진집 작가의 팬이야.

여　신기하네요. 저도요. 와, 이거 내가 보고 싶었던 사진집이네요. 감사합니다. 근데, 제가 내일부터 여행 가요. 여행 다녀와서 천천히 보고 싶은데, 죄송하지만 다음 주까지 빌려도 될까요?

남　응, 괜찮아. 근데 다 보고 나서 야마모토군에게 전달해 줄래? 야마모토군도 이 작가의 팬이거든.

여　네, 알겠습니다. 그리고, 제가 여행 가 있는 동안에 여동생한테도 한 번 보여줘도 될까요? 여동생도 사진이 취미거든요.

남　응, 닳는 것도 아니고 괜찮아. 그렇지만 더럽히거나 잃어버리지 않도록 주의해줘.

여　네, 물론이에요. 그럴 경우에는 새로 사서 변상해 드릴 테니까 안심하세요.

여자는 사진집을 본 후 어떻게 해야 합니까?
1 남자에게 돌려 준다
2 야마모토군에게 건넨다
3 여동생에게 건넨다
4 새로운 것을 산다

写真集 사진집 | 趣味 취미 | 撮る 찍다 | 作家 작가 | ファン 팬 | 奇遇 우연 | ゆっくり 천천히, 느긋하게 | 申し訳ない 죄송하다, 면목없다 | 見終わる 다 보다 | 渡す 건네주다 | ～とく ～해두다(～ておくの줄임말) | 減る 줄다, 감소하다 | 汚す 더럽히다 | なくす 잃어버리다 | 気を付ける 조심하다, 유의하다 | 弁償 변상 | 返す 돌려주다, 갚다

4番

4번

男の人と女の人が駅の待ち合わせ場所で話しています。二人はこの後何をしますか。

女　もう、1時間遅刻よ。せっかくの休日デートが台無しじゃない。

男　ごめん、寝坊しちゃって。映画はもう無理だよな。

女　当たり前でしょ。私、あの映画楽しみにしてたのに。グッズも買いたかったなあ。

男　じゃあ、今からでも行ってみる？映画はきっと見られないけど…。せっかくだからグッズだけでも買いに行こうよ。

女　いいよ。友達と行くから。それより、私を1時間も待たせたんだから何かお詫びでもしてもらわないと気が済まないよ。

男　分かったよ。あ、僕お腹空いちゃった。ハンバーガーでも食べようか？

女　ハンバーガーでは気が済まない。もっと高価なものを食べさせてくれなきゃ。せっかくおしゃれしたんだから雰囲気の良いレストランがいいな。それに、私、来る途中で靴擦れしちゃって、足が痛かったんだ。薬局で絆創膏も買いたいし、デパートで新しい靴も買いたいから。付き合ってよね。

男　それは大変だ。張り切っておしゃれしたんだね。

女　うん。久しぶりのデートだもん。

男　じゃあ、とりあえず、手当しないとね。それから買い物付き合うよ。

4번

남자와 여자가 역의 만나기로 한 곳에서 이야기하고 있습니다. 두 사람은 이후에 무엇을 합니까?

여　뭐야, 한 시간 지각이야. 모처럼의 휴일 데이트가 엉망이 됐잖아.

남　미안해, 늦잠 잤어. 영화는 이미 못 보겠네.

여　당연하지. 나 그 영화 기대했는데. 영화 기념품도 사고 싶었고.

남　그럼, 지금이라도 가 볼래? 영화는 분명 못 보겠지만…. 여기까지 왔으니 기념품만이라도 사러 가자.

여　됐어. 친구랑 갈 거니까. 그것보다, 나를 한 시간이나 기다리게 했으니까 뭔가 사과라도 받지 않으면 기분이 안 풀려.

남　알겠어. 아, 나 배고파. 햄버거라도 먹을까?

여　햄버거로는 안 되지. 좀 더 비싼 음식 사 줘야지. 모처럼 멋 부리고 나왔으니까 분위기 좋은 레스토랑이 좋겠어. 그리고, 나 오는 도중에 구두에 쓸려서 발이 아파. 약국에서 반창고도 사고 싶고, 백화점에서 새 신발도 사고 싶으니까. 같이 가 줘.

남　힘들었겠네. 한껏 꾸미고 나왔는데.

여　응. 오랜만에 하는 데이트인 걸.

남　그럼, 우선 치료 먼저 해야겠다. 그리고 나서 같이 쇼핑 가 줄게.

二人はこの後何をしますか。

1　レストランで食事する
2　映画館でグッズを買う
3　薬局で絆創膏を買う
4　デパートで靴を買う

두 사람은 이후에 무엇을 합니까?

1　레스토랑에서 식사를 한다
2　영화관에서 기념품을 산다
3　약국에서 반창고를 산다
4　백화점에서 구두를 산다

待ち合わせ場所 만나기로 약속한 장소 | 遅刻 지각 | せっかく 모처럼, 애써서 | 休日 휴일 | 台無し 엉망이 됨, 망침 | 寝坊する 늦잠자다 | 当たり前だ 당연하다 | 楽しみにする 기대하다 | グッズ 상품 | お詫び 사과 | 気が済まない 분이 풀리지 않다 | 高価 고가 | おしゃれする 모양내다, 멋부리다 | 雰囲気 분위기 | 途中 도중 | 靴擦れ 구두에 쓸려서 까짐 | 薬局 약국 | 絆創膏 반창고 | 付き合う 동행하다, 사귀다 | 張り切って 한껏, 힘을 내서 | とりあえず 일단, 우선 | 手当する 치료하다

5番

学校で先生が話しています。学生達が明日しなければならないことは何ですか。

男　みなさん、明日は入学式ですね。最高学年として恥ずかしくない振る舞いをしてくださいね。入学式でする歓迎の言葉と校歌の合唱は緊張せずに練習通りにしたらいいですよ。明日はもちろん授業はありませんから、教科書は持ってこなくてもいいですが、その代わり1年生のお世話をしてもらいます。入学式が終わって2時間目に6年生と1年生は出席番号順にペアになって遊んでもらいます。でも新1年生は明日、正装をしてくるので、遊ぶ時は汚れないように気を付けてあげてください。あと、これは宿題ですが、明日までに自己紹介カードを書いてきてください。明日、1年生とペアになったときに渡してもらいます。

学生達が明日しなければならないことは何ですか。

1　自己紹介カードを書く
2　1年生の世話をする
3　きれいな服を着る
4　教科書を持ってくる

5번

학교에서 선생님이 이야기하고 있습니다. 학생들이 내일 해야 하는 일은 무엇입니까?

남　여러분, 내일은 입학식이죠. 최고학년으로서 부끄럽지 않은 행동을 해 주세요. 입학식에서 할 환영 인사와 교가 합창은 긴장하지 말고 연습한대로 하면 됩니다. 내일은 당연히 수업은 없으니까 교과서는 가지고 오지 않아도 되지만, 그 대신 1학년들을 돌봐줘야 합니다. 입학식이 끝나고 2교시에 6학년과 1학년이 출석번호 순서대로 짝이 되어서 놀이를 할 겁니다. 하지만 신입생인 1학년은 내일 정장을 입고 오니까 놀 때는 옷이 더러워지지 않도록 조심해 주세요. 그리고, 이것은 숙제인데요, 내일까지 자기소개 카드를 써 오세요. 내일 1학년과 짝이 됐을 때 건네줄 겁니다.

학생들이 내일 해야 하는 일은 무엇입니까?

1　자기소개 카드를 쓴다
2　1학년을 돌본다
3　깔끔한 옷을 입는다
4　교과서를 가지고 온다

入学式 입학식 | 最高学年 최고학년 | 恥ずかしい 부끄럽다 | 振る舞い 행동 | 歓迎 환영 | 言葉 말, 단어 | 校歌 교가 | 合唱 합창 |
緊張 긴장 | ～せずに ～하지 않고, ～하지 말고 | ～通り ～대로 | その代わりに 그 대신에 | お世話をする 돌보다, 보살피다 |
番号順に 번호 순서대로 | ペアになる 짝이 되다 | 正装 정장 | 汚れる 더러워지다 | 宿題 숙제 | 自己紹介 자기소개 | 渡す 건네다

問題2

1番

男の人と女の人が話しています。女の人はアイドルのどこが一番いいと言っていますか。

男　はい、これ。「レインボー」のコンサートDVDだよ。この前、「レインボー」の話題が出た時に目が輝いていたから、もしかしてと思って。

女　やっぱり、ファン同士、分かっちゃうものなのね。

男　いいよね。「レインボー」。みんなそれぞれ個性があって、テレビで見ない日はないよね。

女　男女問わず人気だしね。

男　ちょっと中性的で、好感度も高いし。

女　みんな歌唱力があっていいって言うけど、レインボーの真の魅力はそこじゃないと思うのよ。

男　うんうん。良く知らない人はわがままそうだって言うけど、本当はとても優しいし。

女　彼らはアイドルだけど、私たちの気持ちをよくわかってくれていて、ファンサービスもすごいのよ。アイドルだけど気取ってなくて、そういうところがいいのよね。

男　うんうん。本当、そういうところがいいよね。

女の人はアイドルのどこが一番いいと言っていますか。

1　メンバー各自に個性があるところ
2　歌とダンスが上手なところ
3　中性的で好感度が高いところ
4　ファンの気持ちを理解しているところ

문제2

1번

남자와 여자가 이야기하고 있습니다. 여자는 아이돌의 어떤 점이 가장 좋다고 말합니까?

남　자, 이거. '레인보우'의 콘서트 DVD야. 일전에 '레인보우' 이야기가 나왔을 때, 눈이 반짝반짝해져서 혹시나 하고.

여　역시, 팬끼리는 알아보는구나.

남　너무 좋지? '레인보우'. 다들 각각의 개성이 있고. 텔레비전에서 안 나오는 날이 없잖아.

여　남녀불문하고 인기있고 말이지.

남　좀 중성적이고 호감도도 높고.

여　다들 가창력이 있어서 좋다고 하지만, '레인보우'의 진짜 매력은 그게 아니라고 생각해.

남　응, 잘 모르는 사람은 제멋대로인 것 같다고 하지만, 사실은 엄청 상냥하잖아.

여　그들은 아이돌이지만 우리들 마음을 잘 이해해주고 팬서비스도 굉장해. 아이돌이지만 멋있는 척 하지 않고, 그런 점이 좋아.

남　응응. 정말 그런 면이 좋아.

여자는 아이돌의 어떤 점이 가장 좋다고 말합니까?

1　멤버 각자에게 개성이 있는 점
2　노래와 춤을 잘 추는 점
3　중성적이고 호감도가 높은 점
4　팬의 마음을 이해하고 있는 점

この前 일전, 요전 | 話題 화제 | 目が輝く 눈이 빛나다 | もしかして 혹시 | やっぱり 역시 | 同士 동지, ~끼리 | それぞれ 각각 | 個性 개성 | 男女 남녀 | ~問わず ~불문하고 | 中性的 중성적 | 好感度 호감도 | 歌唱力 가창력 | 真の魅力 진짜 매력 | わがまま 제멋대로임 | 彼ら 그들 | 気取る 거드름 피우다, 허세부리다 | 各自 각자 | 気持ち 마음, 기분

2番

男の人と女の人が話しています。女の人はどうして怒っていますか。

男　どうしたの？そんなに怖い顔して。もしかして、怒ってる？

女　あなた、本当に心当たりないの？

男　あ、ごめん。昨日、誕生日だったよね。プレゼントあげなかったから怒ってるんでしょ？

女　はあ。全く、これだから…。

男　あ、週末、子供達と遊ばなかったから？

女　それは、いつものことじゃない。

男　う〜ん。もはや、僕が何をしても気に入らないんじゃないの？

女　何もしないのが問題よ。私はプレゼントとかを望んでいたのではないけど、誕生日について一言もなかったのは、あんまりじゃない？いつも感謝の気持ちを伝えて、少しでも家事をしていればこんなには腹が立たなかったと思うわ。

男　ごめん。これからは気を付けるよ。

女の人はどうして怒っていますか。

1　プレゼントがもらえなかったから
2　子供の面倒を見なかったから
3　男の人が誕生日を忘れていたから
4　男の人が家事をしなかったから

2번

남자와 여자가 이야기하고 있습니다. 여자는 왜 화를 내고 있습니까?

남　무슨 일 있어? 그렇게 무서운 얼굴을 하고. 혹시 화났어?

여　당신, 진짜 짐작 가는 거 없어?

남　아, 미안해. 어제 생일이었지? 선물 안 줘서 화난 거지?

여　하아~. 정말이지, 이러니까….

남　아, 주말에 애들이랑 안 놀아줘서?

여　그건 늘 있는 일이잖아.

남　흐음. 이미 당신은 내가 뭘 해도 맘에 안 들잖아?

여　아무것도 안 하는게 문제지. 나는 선물 같은 거 바라고 있었던 건 아니지만, 생일에 대해서 한 마디도 없던 건 너무하지 않아? 평소에 고맙다는 마음을 전했고, 조금이라도 집안일을 해 줬다면 이렇게 화가 나지는 않았을 거야.

남　미안해. 앞으로는 유의할게.

여자는 왜 화를 내고 있습니까?

1　선물을 받지 못했기 때문에
2　아이들을 돌보지 않았기 때문에
3　남자가 생일을 깜빡했기 때문에
4　남자가 집안일을 하지 않았기 때문에

怒る 화내다 | 怖い 무섭다 | もしかして 혹시 | 心当たり 짐작가는 곳, 짚이는 데 | 全く 정말이지, 참으로 | もはや 이미 | 気に入る 마음에 들다 | 望む 바라다 | 一言 한마디 말 | あんまり 도가 지나침, 너무함(あまり의 강조) | 感謝 감사 | 伝える 전하다 | 家事 집안일 | 腹が立つ 화가 나다 | 気を付ける 조심하다, 유의하다 | 面倒を見る 돌보다

3番

男の人と女の人が話しています。女の人は今まで何をしていましたか。

男　こんな時間まで、ご苦労様。大変だね、文化祭の実行委員も。

女　そんなことないよ。特に今日は前日だから大したことしてないし。

男　そうなんだ。てっきり、文化祭、明日だから忙しいのだとばかり思ってたよ。

女　うん、司会進行の練習は先週までに完璧にしたし。今日はひと段落着いたから、さっきまで先生たちと雑談しながら、ジュース飲んでたんだ。

男　それにしても、これ良くできてるよ。この校内の装飾も実行委員がしたんだろう？

女　うん、そういってもらえると嬉しい。昨日夜遅くまで頑張ったんだ。山田君も、看板作りすごかったじゃん。本物のライオンそっくりだったよ。

男　ありがとう。みんな気合入ってるよね。3組の衣装見た？本格的な衣装を自分たちで作ったんだってさ。

女　へえ〜。本番が楽しみね。

女の人は今まで何をしていましたか。

1 司会進行の練習をしていた
2 ジュースを飲んだり話したりしていた
3 校内の飾りつけをしていた
4 文化祭の看板を作っていた

3번

남자와 여자가 이야기하고 있습니다. 여자는 지금까지 무엇을 하고 있었습니까?

남　이 시간까지, 고생이 많네. 축제 실행위원도 힘들겠어.

여　그렇지도 않아. 특히나 오늘은 전날이라 별 거 안 했고.

남　그렇구나. 축제가 내일이니까 분명 바쁠 거라고만 생각했어.

여　응, 사회 진행 연습은 지난주까지 완벽하게 해 놨고. 오늘은 일단락돼서 방금 전까지 선생님들이랑 잡담하면서 주스 마셨어.

남　그나저나 이거 잘 만들었다. 여기 교내 장식도 실행위원이 한 거지?

여　응, 그렇게 말해주니 기분 좋다. 어제 밤 늦게까지 열심히 했거든. 야마다군도 간판 만드는 작업 엄청 잘 했잖아. 진짜 사자랑 완전 똑같았어.

남　고마워. 모두들 파이팅 넘치지. 3반 의상 봤어? 제대로 된 의상을 자기들이 만들었대.

여　아~ 축제 당일이 기대된다.

여자는 지금까지 무엇을 하고 있었습니까?

1 사회 진행 연습을 하고 있었다
2 주스를 마시거나 이야기를 하고 있었다
3 교내의 장식을 하고 있었다
4 학교 축제의 간판을 만들고 있었다

ご苦労様 고생이 많으십니다 | 文化祭 문화제, 학교 축제 | 実行委員 실행위원 | 特に 특히 | 前日 전날 | 大したこと 대단한 일(것) | てっきり 틀림없이 | 司会 사회 | 進行 진행 | 練習 연습 | 完璧 완벽 | ひと段落着く 일단락되다 | さっき 방금 전, 좀전 | 雑談 잡담 | それにしても 그렇다 치더라도 | 校内 교내 | 装飾 장식 | 頑張る 열심히 하다 | 看板作り 간판 만들기 | 本物 실물 | そっくり 꼭 닮음, 몽땅 | 気合(が)入る 기합이 들어가다 | 衣装 의상 | 本格的 본격적 | 本番 본방

4番

男の人と女の人が話しています。男の人が結婚を決意した理由は何ですか。

男　この度、結婚することになりました。

女　あら、良かったじゃない。おめでとう。ところで、あなた彼女なんていたっけ？

男　ははは。先輩がご存知ないのも無理ないですね。3か月前に部長の紹介で。

女　あら、それにしても、早く結婚するのね。周りが結婚ラッシュだから焦ったわけじゃないわよね。

男　いえ、そういうわけでは…。彼女、すごく優しいんですよ。僕の趣味も尊重してくれて。何より価値観が似ているので安心できると言うか…。

女　良かったわね。でもあなた、大阪に転勤するらしいじゃない。

男　はい、転勤の話は昨日聞いたばかりで、でもちょうどよかったです。彼女と遠距離恋愛する自信はなかったので。

女　本当におめでたいわ。結婚式ぜひ、呼んでちょうだいね。

男の人が結婚を決意した理由は何ですか。
1 部長に昇進するから
2 周りの友達がみんな結婚したから
3 価値観が似ているから
4 大阪に転勤するから

4번

남자와 여자가 이야기하고 있습니다. 남자가 결혼을 결심한 이유는 무엇입니까?

남　이번에 결혼하게 됐어요.

여　어머, 잘됐네. 축하해. 근데 너 여자친구가 있었나?

남　하하하. 선배가 모르시는 것도 당연하네요. 3개월 전에 부장님 소개로요.

여　어머, 그나저나 빨리 결혼하네. 주변에서 다들 결혼하니까 초조했던 건 아니지?

남　아뇨. 그런 건 아니고요. 여자친구가 정말 착해요. 제 취미도 존중해주고. 무엇보다 가치관이 비슷해서 안심이 된다고 해야 할까….

여　잘됐다. 근데 너 오사카로 전근 가지 않아?

남　네, 전근 가는 얘기는 어제 막 들어서, 근데 마침 잘됐어요. 여자친구랑 원거리 연애할 자신은 없었거든요.

여　정말로 축하해. 결혼식 때 꼭 불러줘.

남자가 결혼을 결심한 이유는 무엇입니까?
1 부장으로 승진하기 때문에
2 주변 친구들이 모두 결혼했기 때문에
3 가치관이 비슷하기 때문에
4 오사카로 전근 가기 때문에

結婚 결혼 | 決意 결의, 결심 | この度 이번에 | ところで 그건 그렇고 | 〜っけ 〜였니? | 先輩 선배 | ご存知ない 모르시다 | 紹介 소개 | ラッシュ 러시, 쇄도 | 焦る 초조해하다 | 〜わけじゃない 〜한 것이 아니다 | 趣味 취미 | 尊重 존중 | 何より 무엇보다 | 価値観 가치관 | 似る 닮다 | 転勤 전근 | 〜たばかりだ 이제 막 〜하다 | ちょうど 때마침, 딱 | 遠距離 원거리 | 恋愛 연애 | 自信 자신 | 〜てちょうだい 〜해주세요 | 昇進 승진

教室で先生が話しています。明日、午後の授業があるかどうか分かるのはいつですか。

男 では、帰りの会を始めます。明日は注意事項がありますから、よく聞いてください。今、南の方から、台風が来ているのは知っていますね。天気予報によると、この町に接近するのは明日の朝6時30分だそうです。午前7時の時点で暴風警報が発令されている場合は自宅待機です。午前9時までに暴風警報が解除されたら、登校してください。でも、給食はありません。午前中のみ授業をします。そして午前11時までに解除されたら、午後から登校してください。通常授業を行います。でもお昼ご飯はお家で食べてきてくださいね。11時以降も警報が発令されていた場合は全日臨時休校になります。学校が休みだからといって外出してはいけませんよ。台風を甘くみてはいけません。みなさん、けがをしないように気を付けてくださいね。

明日、午後の授業があるかどうか分かるのはいつですか。

1 明日の午前6時30分
2 明日の午前7時
3 明日の午前9時
4 明日の午前11時

교실에서 선생님이 이야기하고 있습니다. 내일 오후 수업이 있을지 없을지 알 수 있는 것은 언제입니까?

남 그럼, 종례를 시작할게요. 내일은 주의사항이 있으니까 잘 들어 주세요. 지금 남쪽에서부터 태풍이 오고 있는 건 알고 있을 거에요. 일기예보에 의하면, 이 마을에 접근하는 것은 내일 아침 6시 30분이라고 해요. 오전 7시 시점에서 폭풍 경보가 발령되는 경우에는 집에서 대기해 주세요. 오전 9시까지 폭풍 경보가 해제되면 등교하세요. 하지만 급식은 없습니다. 오전 수업만 할 겁니다. 그리고 오전 11시까지 해제되면, 오후에 등교해 주세요. 평소대로 수업할 겁니다. 그렇지만 점심밥은 집에서 먹고 오세요. 11시 이후에도 경보가 발령된 상태라면 하루 임시 휴교 하겠습니다. 학교가 쉰다고 해서 외출해서는 안 됩니다. 태풍을 우습게 봐서는 안 돼요. 모두들, 다치지 않도록 조심하세요.

내일 오후 수업이 있을지 없을지 알 수 있는 것은 언제입니까?

1 내일 오전 6시 30분
2 내일 오전 7시
3 내일 오전 9시
4 내일 오전 11시

注意事項 주의사항	南 남쪽	台風 태풍	天気予報 일기예보
～によると ～에 의하면	接近 접근	時点 시점	暴風 폭풍
警報 경보	発令 발령	自宅 자택	待機 대기
解除 해제	登校 등교	給食 급식	～のみ ～만
通常 통상, 평소	行う 행하다	以降 이후	全日 하루 전체, 하루 종일
臨時 임시	～からといって ～라고 해서	外出 외출	甘い 쉽게 보다, 싱겁다, 무르다

けがをする 다치다

6番

男の人と女の人が話しています。女の人はどうして予約を取り消しましたか。

男　ホテルの予約、取り消したの？

女　うん、そうだけど。

男　え、あのホテル、交通の便も悪くなかったじゃないか。

女　確かに位置は良かったよね。でも…。この前、ホテルに電話して料金の確認と食事について相談したの。やっぱり、ホテルでの食事は値段の割に美味しくもないから、食事だけキャンセルしようと思って。

男　へえ〜。

女　そしたら、ホテルの人の対応が悪くて。後で調べたら、やっぱり、あのホテル接客態度が悪いって評判だったの。サービス業なのに、そこが悪いと、ちょっとね…。高い宿泊料金出してでも、それなりのサービス受けたいじゃない？

男　せっかくの旅行だし、気持ちよく過ごしたいよね。

女の人はどうして予約を取り消しましたか。

1　交通の便が悪いから
2　ホテルの宿泊料金が高いから
3　ホテルの人のサービスが悪いから
4　ホテルの料理がまずいから

6번

남자와 여자가 이야기하고 있습니다. 여자는 왜 예약을 취소했습니까?

남　호텔 예약, 취소했어?

여　응, 했어.

남　그 호텔, 교통편도 나쁘지 않았잖아.

여　확실히 위치는 좋았지. 근데…. 일전에 호텔에 전화해서 요금 확인하고 식사에 대해서 상담을 했거든. 역시나 호텔 식사는 가격에 비해서 맛있지도 않으니까 식사만 캔슬하려고.

남　아〜.

여　그랬더니 호텔 직원의 대응이 별로인 거야. 나중에 알아 봤더니 역시나 그 호텔, 접객 태도가 나쁘다고 평판이 자자하더라고. 서비스업인데 그게 나쁘면 좀 그렇지. 비싼 숙박요금 내더라도 그 나름의 서비스를 받고 싶잖아?

남　모처럼의 여행이니 기분 좋게 지내고 싶은 거고.

여자는 왜 예약을 취소했습니까?

1　교통편이 나쁘기 때문에
2　호텔 숙박 요금이 비싸기 때문에
3　호텔 직원의 서비스가 나쁘기 때문에
4　호텔의 요리가 맛있지 않기 때문에

予約 예약 | 取り消す 취소하다 | 交通の便 교통편 | 確かに 확실히, 분명히 | 位置 위치 | この前 일전에, 요전에 | 料金 요금 | 確認 확인 | 相談 상담 | やっぱり 역시 | 値段 가격 | 〜割に 〜치고는, 〜비해서 | 対応 대응 | 接客 접객 | 態度 태도 | 評判 평판 | サービス業 서비스업 | 宿泊 숙박 | それなりの 그런대로의, 그 나름의 | せっかく 모처럼, 애써서 | 過ごす 지내다, 살다 | まずい 맛없다

問題3

1番

ニュースで女の人が話しています。

女　知人からもらった野草を食べた60代の夫婦が
食中毒の症状を訴え病院に運ばれました。知
人にネギとしてもらった野草を昼食にゆでて
食べた際、嘔吐や呼吸困難などの症状が出て
救急搬送されました。検査の結果、夫婦が食
べたのは有毒植物で知人宅の敷地内でネギの
そばで自生していたものでした。これを食べ
ると、重症化した場合死に至る可能性があり
ます。市は食用と確実に判断できない植物は
食べたり、人にあげないように注意を呼び掛
けています。

何について話していますか。

1 食中毒の症状
2 野草のおいしい食べ方
3 間違えやすい有毒植物
4 毒草の見分け方

知人 지인 ｜ 野草 들풀 ｜ 夫婦 부부 ｜ 食中毒 식중독 ｜ 症状 증상 ｜ 訴える 호소하다 ｜ ネギ 파 ｜ ～として ～로서 ｜ 昼食 점심 ｜ ゆでる 데치다, 삶다 ｜ ～際 ～때 ｜ 嘔吐 구토 ｜ 呼吸 호흡 ｜ 困難 곤란 ｜ 救急搬送 응급이송 ｜ 検査 검사 ｜ 結果 결과 ｜ 有毒植物 유독식물 ｜ 敷地内 부지내 ｜ そば 옆 ｜ 自生する 자생하다 ｜ 重症化 중증, 정도가 심한 상태 ｜ 死に至る 죽음에 이르다 ｜ 食用 식용 ｜ 判断 판단 ｜ 呼び掛ける 설득하여 권하다, 호소하다 ｜ 間違える 잘못 알다, 틀리다 ｜ 毒草 독초 ｜ 見分ける 구분하다

2番

姉と弟が話しています。

女　姉さんが来てやったわよ。開けて～。

男　あ、姉さん、いらっしゃい。

女　お邪魔するわ。はい、これ。スポーツドリンク
と果物よ。あんた、ちゃんと食べてるの？母さ
んに連絡はしてる？母さん心配してたわよ。

男　めんどくさいな。余計な心配かけたくないか
ら、こうやって姉さんに連絡したんじゃない
か。小言は母さんだけで十分だよ。

女　文句が言えるのは元気な証拠ね。思ったより
顔色もいいしね。

男　ああ、食欲も出てきて良くなったよ。でも、

문제3

1번

뉴스에서 여자가 이야기하고 있습니다.

여　지인에게서 받은 들풀을 먹은 60대 부부가 식중독
증상을 호소하여 병원으로 이송되었습니다. 지인에
게 파라고 해서 받은 들풀을 점심으로 데쳐서 먹었
을 때 구토와 호흡곤란 등의 증상이 있어서 응급이송
되었습니다. 검사 결과, 부부가 먹은 것은 유독식물
로 지인의 집 부지내에서 파 옆에서 자생하고 있었
던 것이었습니다. 이것을 먹으면 심한 경우에는 사
망에 이를 가능성이 있습니다. 시는 식용이라고 확
실하게 판단할 수 없는 식물은 먹거나 다른 사람에
게 주지 않도록 주의할 것을 호소하고 있습니다.

무엇에 대해서 이야기하고 있습니까?

1 식중독의 증상
2 들풀을 맛있게 먹는 방법
3 잘못 알기 쉬운 유독식물
4 독초의 구분 방법

2번

누나와 남동생이 이야기하고 있습니다.

여　누나 왔어. 문 열어.

남　아, 누나. 어서 와.

여　실례 좀 할게. 자, 이거. 스포츠음료랑 과일. 너, 제
대로 챙겨 먹고 있어? 엄마한테 연락은 하고 있고?
엄마 걱정했었어.

남　귀찮게～. 쓸데없는 걱정 안 끼치고 싶어서 이렇게
누나한테 연락한 거잖아. 잔소리는 엄마 한 명으로
족해.

여　투덜대는 거 보니 건강하다는 증거네. 생각보다 안
색도 좋고.

남　아～, 식욕도 좀 살아나서 좋아졌어. 근데 아르바이

バイト、休<ruby>休<rt>やす</rt></ruby>んじゃって…。

女 　1<ruby>日<rt>にち</rt></ruby>くらい<ruby>誰<rt>だれ</rt></ruby>かが<ruby>助<rt>たす</rt></ruby>けてくれるわよ。それより、お<ruby>腹<rt>なか</rt></ruby><ruby>空<rt>す</rt></ruby>いてない？ おかゆでも<ruby>作<rt>つく</rt></ruby>ろうか？ <ruby>台所<rt>だいどころ</rt></ruby><ruby>借<rt>か</rt></ruby>りるね。

男 　ああ、ありがとう。

여 　하루 정도 누군가가 도와주겠지. 그보다, 배 안 고파? 죽이라도 만들어 줄까? 주방 좀 빌릴게.

남 　아~ 고마워.

<ruby>女<rt>おんな</rt></ruby>の<ruby>人<rt>ひと</rt></ruby>は<ruby>何<rt>なに</rt></ruby>をするために<ruby>弟<rt>おとうと</rt></ruby>の<ruby>家<rt>いえ</rt></ruby>に<ruby>行<rt>い</rt></ruby>きましたか。
1 <ruby>母<rt>はは</rt></ruby>に<ruby>弟<rt>おとうと</rt></ruby>の<ruby>様子<rt>ようす</rt></ruby>を<ruby>報告<rt>ほうこく</rt></ruby>するため
2 <ruby>弟<rt>おとうと</rt></ruby>を<ruby>見舞<rt>みま</rt></ruby>うため
3 <ruby>借<rt>か</rt></ruby>りていたものを<ruby>返<rt>かえ</rt></ruby>すため
4 <ruby>一緒<rt>いっしょ</rt></ruby>にご<ruby>飯<rt>はん</rt></ruby>を<ruby>食<rt>た</rt></ruby>べるため

여자는 무엇을 하기 위해 남동생 집에 갔습니까?
1 엄마한테 남동생의 상태를 보고하기 위해서
2 남동생을 문병하기 위해서
3 빌린 것을 돌려주기 위해서
4 같이 밥을 먹기 위해서

お邪魔する 방문하다, 실례하다 | スポーツドリンク 스포츠음료 | 果物 과일 | あんた 너 | めんどくさい 귀찮다 | 余計だ 쓸데없다 | 心配かける 걱정끼치다 | 小言 잔소리 | 十分だ 충분하다 | 文句 불평, 불만 | 証拠 증거 | 思ったより 생각보다 | 顔色 안색 | 食欲 식욕 | 助ける 도와주다 | おかゆ 죽 | 台所 부엌 | 借りる 빌리다 | 様子 모습, 상태 | 報告 보고 | 見舞う 문병하다 | 返す 돌려주다, 갚다

3<ruby>番<rt>ばん</rt></ruby>
<ruby>女<rt>おんな</rt></ruby>の<ruby>人<rt>ひと</rt></ruby>が<ruby>講演会<rt>こうえんかい</rt></ruby>で<ruby>話<rt>はな</rt></ruby>しています。

女 　みなさん、<ruby>太<rt>ふと</rt></ruby>る<ruby>食<rt>た</rt></ruby>べ<ruby>物<rt>もの</rt></ruby>といえば<ruby>何<rt>なに</rt></ruby>が<ruby>思<rt>おも</rt></ruby>い<ruby>浮<rt>う</rt></ruby>かびますか。ケーキ？ コーラ？ <ruby>焼<rt>や</rt></ruby>き<ruby>肉<rt>にく</rt></ruby>？ いろいろある<ruby>中<rt>なか</rt></ruby>で<ruby>最<rt>もっと</rt></ruby>も<ruby>太<rt>ふと</rt></ruby>る<ruby>食<rt>た</rt></ruby>べ<ruby>物<rt>もの</rt></ruby>、それはポテトチップスです。みなさんもご<ruby>存知<rt>ぞんじ</rt></ruby>の<ruby>通<rt>とお</rt></ruby>りポテトチップスは<ruby>油<rt>あぶら</rt></ruby>で<ruby>揚<rt>あ</rt></ruby>げてますからカロリーが<ruby>高<rt>たか</rt></ruby>いですよね。その<ruby>割<rt>わり</rt></ruby>に<ruby>満足度<rt>まんぞくど</rt></ruby>が<ruby>低<rt>ひく</rt></ruby>いですから、たくさん<ruby>食<rt>た</rt></ruby>べてしまいます。ここまでは<ruby>想像<rt>そうぞう</rt></ruby>できますよね。でも<ruby>最<rt>もっと</rt></ruby>も<ruby>怖<rt>こわ</rt></ruby>いのは<ruby>食欲<rt>しょくよく</rt></ruby>が<ruby>暴走<rt>ぼうそう</rt></ruby>してしまうことなんです。<ruby>炭水化物<rt>たんすいかぶつ</rt></ruby>と<ruby>脂<rt>あぶら</rt></ruby>っこいものどちらが<ruby>太<rt>ふと</rt></ruby>るかというと、どっちも<ruby>太<rt>ふと</rt></ruby>るけど、<ruby>脂<rt>あぶら</rt></ruby>っこいものを<ruby>食<rt>た</rt></ruby>べたときの<ruby>方<rt>ほう</rt></ruby>が900カロリーも<ruby>食欲<rt>しょくよく</rt></ruby>が<ruby>増<rt>ふ</rt></ruby>えたという<ruby>実験結果<rt>じっけんけっか</rt></ruby>があるんです。なので、<ruby>痩<rt>や</rt></ruby>せたい<ruby>時<rt>とき</rt></ruby>は<ruby>脂<rt>あぶら</rt></ruby>っこいものを<ruby>避<rt>さ</rt></ruby>けた<ruby>方<rt>ほう</rt></ruby>がいいですね。

3번
여자가 강연회에서 이야기하고 있습니다.

여 　여러분, 살 찌는 음식이라고 하면 뭐가 떠오르세요? 케이크? 콜라? 불고기? 여러가지 중에서 가장 살이 찌는 음식, 그것은 감자튀김입니다. 여러분도 아시다시피 감자튀김은 기름에 튀기기 때문에 칼로리가 높죠. 그에 비해 만족도가 낮기 때문에 많이 먹게 됩니다. 여기까지는 상상하실 수 있을 거에요. 그렇지만 가장 무서운 것은 식욕이 폭주하게 된다는 것입니다. 탄수화물과 기름진 것 중 어느 쪽이 더 살이 찌는가 하면, 둘 다 찌지만, 기름진 것을 먹었을 때 900칼로리나 더 식욕이 증가했다는 실험결과가 있습니다. 그러니까 살을 빼고 싶을 때에는 기름진 것을 피하는 편이 좋겠죠.

<ruby>女<rt>おんな</rt></ruby>の<ruby>人<rt>ひと</rt></ruby>は<ruby>何<rt>なに</rt></ruby>について<ruby>話<rt>はな</rt></ruby>していますか。
1 <ruby>太<rt>ふと</rt></ruby>る<ruby>食<rt>た</rt></ruby>べ<ruby>物<rt>もの</rt></ruby>のランキング
2 ポテトチップスが<ruby>太<rt>ふと</rt></ruby>る<ruby>理由<rt>りゆう</rt></ruby>
3 <ruby>正<rt>ただ</rt></ruby>しい<ruby>油<rt>あぶら</rt></ruby>の<ruby>摂<rt>と</rt></ruby>り<ruby>方<rt>かた</rt></ruby>
4 カロリーが<ruby>最<rt>もっと</rt></ruby>も<ruby>高<rt>たか</rt></ruby>い<ruby>食<rt>た</rt></ruby>べ<ruby>物<rt>もの</rt></ruby>

여자는 무엇에 대해서 이야기하고 있습니까?
1 살찌는 음식의 랭킹
2 감자 튀김이 살찌는 이유
3 올바른 기름의 섭취 방법
4 칼로리가 가장 높은 음식

講演会 강연회 | ～といえば ～라고 하면 | 思い浮かぶ 떠오르다, 생각나다 | 最も 가장 | ポテトチップス 감자튀김 | ご存知の通り 아시다시피 | 油 기름 | 揚げる 튀기다 | その割に 그런 것치고는, 비교적 | 満足度 만족도 | 想像 상상 | 怖い 무섭다 | 暴走 폭주 | 炭水化物 탄수화물 | 脂っこい 기름지다 | 実験 실험 | 痩せる 마르다, 살빼다 | 避ける 피하다 | 摂る 섭취하다

4番

小学校で先生が児童の親たちに話しています。

男 一週間後には、夏休みですね。長い休みを利用して普段できないことに挑戦するのもいいですね。学校でも指導致しますが、夏休みだからと油断すると生活リズムが崩れ、体調を崩しやすくなります。また、休み中の不規則な生活が癖になると、休み明けに不登校になったりもするので注意深く子供たちのことを見てあげてください。夏休み中は家のお手伝いをさせたり、読書の習慣をつけさせたりするのもいいですね。休み中、けがや事故などに巻き込まれたり、何か問題がありましたら、すぐに、学校の方へ連絡してください。

先生は何について話していますか。
1 夏休みの注意すべき過ごし方
2 夏休み中の学校の取り組み
3 事故に遭った時の対処法
4 子供の正しい育て方

4번

초등학교에서 선생님이 아동의 부모님에게 이야기하고 있습니다.

남 일주일 후면 여름방학이죠. 긴 방학을 이용해서 평소에 못 했던 것에 도전하는 것도 좋겠죠. 학교에서도 지도를 하겠지만, 여름방학이라고 방심하면 생활리듬이 깨져서, 컨디션을 해치기 십상입니다. 또한, 방학 중의 불규칙한 생활이 습관이 되면, 방학이 끝나고 학교에 가지 않거나 하는 일도 있으니 주의 깊게 아이들을 돌봐 주세요. 여름방학 중에는 집의 심부름을 시키거나, 독서 습관을 길러주는 것도 좋아요. 방학 중에 다치거나 사고 등에 휘말리거나, 무언가 문제가 있으면 바로 학교 쪽으로 연락해 주세요.

선생님은 무엇에 대해서 이야기하고 있습니까?
1 주의해야 할 여름방학 보내는 방법
2 여름방학 중 학교의 대처
3 사고를 당했을 때의 대처방법
4 아이의 올바른 양육 방식

児童 아동 | 利用 이용 | 普段 평소 | 挑戦 도전 | 指導 지도 | 致す '하다'의 겸양어 | 油断する 방심하다 | リズムが崩れる 리듬이 깨지다 | 体調を崩す 컨디션을 해치다 | 不規則 불규칙 | 癖になる 버릇(습관)이 되다 | 休み明け 휴일이나 휴가 다음 날 | 不登校 등교 거부 | 注意深く 주의 깊게 | お手伝い 심부름, 도움 | 読書 독서 | 習慣をつける 습관을 들이다 | けが 부상 | 巻き込まれる 휘말리다 | ～べき ～해야 할 | 取り組み 대처 | 事故に遭う 사고를 당하다 | 対処法 대처법 | 育てる 키우다, 양육하다

5番

恋愛評論家が話しています。

女 この度、驚きの研究結果が出ました。結論から言うと、ホットチョコかホットココアを好きな相手に飲ませることにより、初恋や恋愛初期の感情、または一目ぼれした時の気分にさせることができると言うのです。実は、一目ぼれした時は脳の中であるホルモン物質が分泌されているんです。ですから、ホットチョコ

5번

연애평론가가 이야기하고 있습니다.

여 이번에 놀라운 연구결과가 나왔습니다. 결론부터 말씀 드리자면, 핫초코나 핫코코아를 좋아하는 상대에게 마시게 함으로써, 첫사랑이나 연애 초기의 감정, 또는 첫눈에 반했을 때의 기분이 들게 할 수 있다고 합니다. 사실, 첫눈에 반했을 때는 뇌 속에서 어떤 호르몬 물질이 분비되고 있거든요. 그러니, 핫초코를 마시게 하는 동안에 고백해서 고백의 성공

レートを飲ませているうちに告白することで，
告白の成功率を高められるかもしれません。

률을 높일 수 있을지도 모릅니다.

女の人は何について話していますか。

1 チョコレートの栄養素
2 チョコレートの効能
3 おいしいチョコレートの食べ方
4 正しい恋愛の仕方

여자는 무엇에 대해서 이야기하고 있습니까?

1 초콜릿의 영양소
2 초콜릿의 효능
3 맛있게 초콜릿을 먹는 법
4 올바른 연애 방법

恋愛 연애 | 評論家 평론가 | この度 이번에 | 驚き 놀람 | 研究 연구 | 結論 결론 | 〜から言うと 〜부터 말하자면 | 相手 상대방 | 〜により 〜에 의해, 〜로 인해 | 初恋 첫사랑 | 初期 초기 | 感情 감정 | 一目ぼれする 첫눈에 반하다 | 脳 뇌 | ホルモン物質 호르몬 물질 | 分泌 분비 | 〜うちに 〜사이에, 〜동안에 | 告白 고백 | 〜ことで 〜란 이유로, 〜해서 | 成功率 성공률 | 高める 높이다 | 栄養素 영양소 | 効能 효능 | 仕方 방법

問題4

문제4

1番

男 会議の時間は午後2時からでよろしいですか。
女 1 はい、2時まで会議します。
   2 はい、2時になるところでした。
   3 はい、差し支えありません。

1번

남 회의 시간은 오후 2시부터 해도 괜찮으신가요?
여 1 네, 2시까지 회의합니다.
   2 네, 2시가 되려던 참이었습니다.
   3 네, 문제없습니다.

会議 회의 | よろしい 좋다 | 〜ところだ 〜할 참이다, 〜할 뻔하다 | 差し支えない 지장없다, 문제없다

2番

男 お母さん、今週の土曜日は遊園地に行きたいよ。
女 1 行きたかったけど、いけなかったわ。
   2 行ったつもりになってたわ。
   3 忙しくて遊園地どころじゃないわ。

2번

남 엄마, 이번 주 토요일은 놀이공원에 가고 싶어.
여 1 가고 싶었지만 못 갔어.
   2 간 거나 마찬가지야.
   3 바빠서 놀이공원에 갈 상황이 아니야.

遊園地 유원지 | 〜つもりになっている 〜한 셈으로 되어 있다 | 〜한 거나 마찬가지다 | 〜どころじゃない 〜할 상황이 아니다

3番

男 この前、事故に遭って車が壊れちゃったよ。
女 1 怪我しなかっただけましよ。
   2 今度、車乗せてよ。
   3 お見舞いに行こうか。

3번

남 요전에 사고 나서 차가 망가졌어.
여 1 다치지 않은 것만으로도 다행이지.
   2 다음에 차 태워줘.
   3 병문안 갈까?

96

事故に遭う 사고를 당하다 | 壊れる 망가지다, 고장나다 | 怪我する 다치다 | 〜だけましだ 〜만으로도 다행이다 | 乗せる 태우다 |
お見舞い 병문안

4番

女 新しいドレス買ったの。いいでしょう。
男 1 似合ってるでしょう。
　　2 大人っぽいね。
　　3 サイズがなかったよ。

似合う 어울리다 | 大人っぽい 어른스럽다

4번

여 새 드레스 샀어. 괜찮지?
남 1 어울리지?
　　2 어른스럽다.
　　3 사이즈가 없었어.

5番

女 ここの店、すごく美味しかったんだよ。
男 1 君がそこまで言うからには、本当に美味し
　　　いんだね。
　　2 君の口には合わないかもしれないね。
　　3 雑誌の情報は信じがたいな。

〜からには 〜하는 이상 | 口に合う 입에 맞다 | 雑誌 잡지 | 情報 정보 | 〜がたい 〜하기 힘들다

5번

여 여기 가게, 엄청 맛있었어.
남 1 너가 그렇게까지 말하는 거 보면 진짜 맛있나 보
　　　네.
　　2 네 입에는 안 맞을지도 몰라.
　　3 잡지 정보는 믿기 힘들어.

6番

男 君にこのネックレスあげるよ。
女 1 こんなもので良ければもらってください。
　　2 こんな高価なものいただいてもよろしいん
　　　ですか。
　　3 では、こちら拝借します。

ネックレス 목걸이 | 高価 고가 | いただく '받다'의 겸양어 | 拝借する '빌리다'의 겸양어

6번

남 너한테 이 목걸이 줄게.
여 1 이런 것이라도 괜찮으시다면 받아 주세요.
　　2 이런 고가의 물건을 받아도 될까요?
　　3 그럼, 이것 좀 빌리겠습니다.

7番

男 社長はどこにいらっしゃいますか。
女 1 お目にかかりたいのですが…。
　　2 さっき、こちらにお見えになりましたよ。
　　3 では、社長室に参ります。

いらっしゃる 계시다, 오시다, 가시다 | お目にかかる '만나다'의 겸양어 | お見えになる 오시다 | 社長室 사장실 | 参る '가다, 오다'
의 겸양어

7번

남 사장님은 어디에 계시나요?
여 1 만나 뵙고 싶은데….
　　2 방금 전에 여기 오셨어요.
　　3 그럼, 사장실에 가겠습니다.

8番

男 すいません、このチラシいただいてもいいで
　　すか。
女 1 いえ、結構です。
　　2 ええ、どうぞ。
　　3 ええ、いただきます。

남 저기, 이 전단지 가져가도 되나요?
여 1 아뇨, 이제 됐어요.
　　2 네, 가져 가세요.
　　3 네, 가져 가겠습니다.

チラシ 전단지 | 結構だ 괜찮다, 이제 됐다

9番

女 あのアイドル、有名女優と付き合ってるん
　　だって。
男 1 アイドルといっても一人の男だからね。
　　2 アイドルにしては人気がないね。
　　3 ファンの期待に応えてるね。

여 저 아이돌, 유명여배우랑 사귄대.
남 1 아이돌이라고 해도 한 사람의 평범한 남자니까.
　　2 아이돌치고는 인기가 없네.
　　3 팬들의 기대에 부응하고 있네.

有名 유명함 | 女優 여배우 | 付き合う 사귀다, 동행하다 | ～にしては ～치고는 | 期待 기대 | ～に応える ～에 부응하다

10番

女 そんなに気にしないで。大した問題じゃない
　　よ。
男 1 ありがとう。気に入ったよ。
　　2 僕からしたら、大したことだよ。
　　3 君は気が利くね。

여 그렇게 신경 쓰지 마. 큰 문제 아니야.
남 1 고마워. 맘에 들어.
　　2 내 입장에서는 큰 일이야.
　　3 너는 참 센스 있어.

気にする 신경쓰다 | ～ないで ～하지 마 | 大した 대단한, 큰 | 気に入る 마음에 들다 | ～からしたら ～의 입장에서 보면 | 気が利く 눈치가 빠르다, 재치있다

11番

女 田中さん、待ち合わせの時間に間に合うかな
　　あ。
男 1 約束したんだから、きっと時間通りに来る
　　よ。
　　2 だから、約束してほしいんだけど。
　　3 僕のこと、もっと信用してくれてもいいの
　　に。

여 다나카 씨, 약속 시간에 맞춰 올 수 있으려나?
남 1 약속했으니까 분명 시간에 맞춰 올 거야.
　　2 그래서 약속했음 싶은데.
　　3 나를 좀 더 신용해줘도 좋을 텐데.

待ち合わせ (만나는) 약속 | 間に合う 시간·기간에 맞추다 | ～通りに ～대로 | ～てほしい ～하길 바란다 | 信用 신용

女　田中君、会社辞めるの？

男　1　営業している最中に戻って来いと言われました。

　　2　プロジェクトに失敗した際は責任を取ります。

　　3　今日限りで退職することになりました。

辞める 그만두다, 사직하다｜営業 영업｜〜最中に 한참 〜하는 중에｜失敗する 실패하다, 실수하다｜〜際 〜때｜責任を取る 책임을 지다｜〜限りで 〜부로, 〜을 끝으로｜退職 퇴직

12번

여　다나카군, 회사 그만둬?

남　1　한창 영업하고 있는데 돌아오라고 하더라구요.

　　2　프로젝트에 실패했을 때에는 책임지겠습니다.

　　3　오늘을 끝으로 퇴직하게 되었습니다.

問題5

1番

家族3人が塾について話しています。

女　あなた、この子ったら、また模試で志望校にとどかなかったのよ。

男1　そうか。まあ、部活が忙しいのも分かるけど、もう3年だぞ。そろそろ、受験勉強に集中しなさい。

男2　引退試合までは僕、レギュラーだから、チームに迷惑かけられないよ。

女　だったら、塾に行きなさい。お隣のあいちゃんは黒丸ゼミナールに通ってるんだって。あそこは指導が丁寧で定評があるのよ。

男1　あいちゃんと一緒に授業が聞けるなら安心だな。

女　ええ。それかお兄ちゃんと同じ第一予備校に行くのはどう？自習室も24時間だし、警備もしっかりしていて安心だし。有能で人気のある講師が講義してくれるって言ってたわ。あと、まめだ塾もいいそうよ。マンツーマンだし、先生との距離が近いらしいから質問しやすいんじゃない？

男1　次郎は、一人で勉強するような子じゃないからな。講義形式だとすぐに上の空になってしまうだろう。個別指導がいいんじゃないか。例えば家庭教師とか。

男2　うん、確かに…。

女　それはちょっと、金銭的に無理よ。

男2　分かったよ。じゃ、個別指導のあそこに通うことにするよ。

문제5

1번

가족 3명이 학원에 대해서 이야기하고 있습니다.

여　여보, 이 녀석 또 모의고사에서 지망 학교 커트라인에 못 미쳤어.

남1　그래? 뭐, 동아리활동이 바쁜 것도 이해하지만 이제 3학년이야. 슬슬 수험 공부에 집중 해야지.

남2　은퇴시합까지는 나 선발멤버라서 팀에 민폐 끼칠 수 없어.

여　그럼 학원에 다녀. 옆 집 아이는 구로마루세미나에 다니고 있대. 거기는 정성스럽게 지도해주는 걸로 정평이 나 있어.

남1　아이랑 같이 수업을 들을 수 있다면 안심이지.

여　그렇지. 거기 아니면 형이랑 같은 다이이치입시학원에 가는 건 어때? 자습실도 24시간이고 경비도 완벽해서 안심이고. 유능하고 인기 있는 강사가 강의해준다고 했어. 그리고, 마메다학원도 좋대. 일대일 수업 형태이고, 선생님과의 거리가 가깝다니까 질문하기 편하잖아?

남1　지로는 혼자서 공부하는 타입의 애가 아니라서 말야. 강의형식이면 금방 멍때릴거고. 개별 지도가 좋지 않을까? 예를 들면 가정교사라든가.

남2　응, 확실히 그게 낫지.

여　그건 좀 금전적으로 무리야.

남2　알겠어. 그럼, 개별 지도하는 거기에 다닐게.

どうすることにしましたか。

1 黒丸ゼミナールに通う
2 第一予備校に通う
3 まめだ塾に通う
4 家庭教師を呼ぶ

어떻게 하기로 했습니까?

1 구로마루세미나에 다닌다
2 다이이치입시학원에 다닌다
3 마메다학원에 다닌다
4 가정교사를 부른다

塾 학원 | 模試 모의고사 | 志望校 지망학교 | とどく 닿다, 도달하다 | 部活 동아리 활동, 서클 활동 | そろそろ 슬슬 | 受験 수험 | 勉強 공부 | 集中 집중 | 引退試合 은퇴 시합 | レギュラー 정규멤버 | 迷惑(を)かける 민폐(를) 끼치다 | だったら 그렇다면 | お隣 옆집 | ～に通う ～에 다니다 | 指導 지도 | 丁寧だ 공들이다, 정성스럽다 | 定評 정평 | 自習室 자습실 | 警備 경비 | しっかり 제대로, 똑바로 | 有能だ 유능하다 | 講師 강사 | 講義 강의 | マンツーマン 맨투맨, 일대일 | 距離 거리 | 形式 형식 | 上の空 마음이 들뜸, 건성으로 들음 | 個別 개별 | 家庭教師 가정교사 | 確かに 확실히, 분명히 | 金銭的 금전적

2番

学生3人が卒業アルバムの写真撮影について話しています。

男1　もう、卒業か。早いよな。

女　そうね。あ、そういえば、先生が早く卒業アルバムに載せる写真の撮影場所を決めて報告しろって。報告してないの、私たちだけらしいよ。

男2　どこも思い出の場所だから、なかなか決められないよな。

女　そうね。でも、早く決めないとね。

男1　じゃ、適当に教室で撮るのはどう？他の子たちはみんな部活に関連したところで撮るだろう？ちょっと変わっていいんじゃないか？

女　みんなばらばらのクラスじゃない。私、自分と関係ないクラスで写真撮るの嫌よ。

男1　そういえば、そうだね。じゃ、部室なんてどうかな？すごい思い出が詰まってるし。

女　あんな、汚いところを写真に残すなんて嫌よ。掃除するならいいけど。

男2　そっか。じゃグラウンドは？体育館が使えない時はよくグラウンド走ったよな。

女　それもいいかもね。でも、どうせなら、私たちが部活でよく使ってたところがいいんじゃない。

男2　じゃ、体育館？体育館でする部活はみんな体育館で撮るだろう？みんなと一緒はちょっと…。せっかくの卒業写真だし。

2번

학생 3명이 졸업 앨범의 사진촬영에 대해서 이야기하고 있습니다.

남1　벌써 졸업이구나. 참 빠르다.

여　맞아. 아, 그러고 보니 선생님이 빨리 졸업 앨범에 실을 사진의 촬영장소 정해서 보고하래. 보고하지 않은 건 우리뿐인가 봐.

남2　어디든 다 추억의 장소라서 좀처럼 결정할 수가 없네.

여　그치. 하지만 빨리 정해야 해.

남1　그럼 적당히 교실에서 찍는 건 어때? 다른 애들은 모두 동아리활동과 관련된 곳에서 찍잖아? 좀 색다르고 괜찮지 않아?

여　우리 다 각자 다른 반이잖아. 난 나랑 상관없는 반에서 사진 찍는 거 싫어.

남1　그러고 보니 그러네. 그럼, 동아리방은 어때? 추억이 엄청 담긴 곳이고.

여　그렇게 더러운 곳을 사진에 남기다니 싫어. 청소를 한다면 괜찮지만.

남2　그래? 그럼 운동장은? 체육관을 못 쓸 때는 자주 운동장에서 뛰었잖아.

여　그것도 괜찮겠네. 근데 이왕이면 우리가 동아리활동으로 자주 썼던 곳이 좋지 않아?

남2　그럼, 체육관? 체육관에서 하는 동아리활동은 죄다 체육관에서 찍을걸? 다른 사람이랑 똑같은 건 좀…. 모처럼의 졸업사진인데.

남1　그럼, 거기 밖에 없네. 우리들 3명에게 공통된 추억이 많고, 다른 애들이랑 겹치지 않는 곳.

남2　그렇네. 오늘 방과 후에는 다 같이 대청소 하는 거다.

男1 じゃ、あそこしかないよ。僕たち３人に共通
して思い出深くて、他のみんなと被らないと
ころ。

男2 そうだね。今日の放課後はみんなで大掃除だ。

３人はどこで写真を撮ることにしましたか。
1 教室
2 グラウンド
3 部室
4 体育館

3명은 어디서 사진을 찍기로 했습니까?
1 교실
2 운동장
3 동아리방
4 체육관

卒業アルバム 졸업앨범 ｜ 写真 사진 ｜ 撮影 촬영 ｜ そういえば 그러고 보니 ｜ 載せる 싣다 ｜ 報告 보고 ｜ 思い出 추억 ｜ 適当に 적당히 ｜ 部活 동아리 활동 ｜ 関連する 관련되다 ｜ 変わる 특이하다, 바뀌다 ｜ ばらばら 제각각 ｜ 部室 동아리방, 부실 ｜ 詰まる 채워지다, 가득차다 ｜ 残す 남기다 ｜ 掃除 청소 ｜ グラウンド 운동장 ｜ 体育館 체육관 ｜ どうせなら 이왕이면 ｜ 共通 공통 ｜ 思い出深い 추억이 깊다, 추억이 많다 ｜ 被る 겹치다 ｜ 放課後 방과 후 ｜ 大掃除 대청소

3番

デパートの館内放送を聞いて男の人と女の人が話しています。

女1 本日もMTデパートにご来店いただきまして、誠にありがとうございます。ご来店中のお客さまに本日のお買い得商品およびイベントにつきましてご案内申し上げます。地下一階食品コーナーでは３時からタイムセールで和牛300グラムを５割引きとさせていただきます。ぜひ、この機会にお買い求めください。また、6階特設会場におきましてイチゴスイーツ博覧会を開催いたしております。期間限定のイチゴパフェや数量限定のイチゴクッキーなど数多く取り揃えております。ぜひ、お立ち寄りくださいませ。また5階書籍売り場におきまして、4時から人気小説家村井先生のサイン会を開催いたします。ぜひ、ご参加ください。さらに、本日から一週間、春の大感謝祭と題しまして５千円以上の商品をお買い求めのお客様に最高１万円相当の商品券が当たる抽選会を実施いたしております。詳しくは１階サービスカウンターの抽選会場までお越しくださいませ。

3번

백화점 관내 방송을 듣고 남자와 여자가 이야기하고 있습니다.

여1 오늘도 MT백화점에 와 주셔서 진심으로 감사합니다. 찾아주신 고객님들께 오늘의 알뜰 상품 및 이벤트에 대해서 안내해 드립니다. 지하 1층 식품코너에서는 3시부터 타임세일로 와규 300그램을 50%할인해 드립니다. 꼭 이 기회에 구매하시길 바랍니다. 또한 6층 특설회장에서 딸기제과박람회를 개최하고 있습니다. 기간 한정인 딸기파르페와 수량 한정인 딸기쿠키 등 다양하게 갖추고 있습니다. 꼭 들러주세요. 그리고 5층 서적매장에서 4시부터 인기소설가 무라이 선생님의 사인회를 개최합니다. 꼭 참가해주세요. 또한 오늘부터 일주일간 봄맞이 감사 페스티벌이라고 해서 5천 엔 이상의 상품을 구매하신 고객님들께 최고 만 엔 상당의 상품권이 당첨되는 추첨회를 실시하고 있습니다. 자세한 것은 1층 서비스 카운터의 추첨회장으로 와 주세요.

男	ラッキーだな。僕、村井先生の大ファンなんだ。
女2	あなた、本持ってきたの？
男	買えばいいだろう。どうせ、5千円以上で抽選会ができるっていうし、損じゃないと思うけど。君はどうする？
女2	私、期間限定に弱くて、イチゴパフェが食べたいんだけど…。
男	じゃ、先にそこに行く？僕も付き合うよ。
女2	でもタイムセールにも行きたいからな…。イチゴパフェ食べてたら間に合わないよね。
男	そうかもね。じゃ、僕が先にタイムセール行ってこようか？君は食べてきなよ。
女2	本当？助かるわ。じゃ、お願い。

남	땡잡았네. 나 무라이 선생님의 광팬인데.
여2	여보, 책 가져 왔어?
남	사면 되지. 어차피 5천 엔 이상이어야 추첨회에 참가할 수 있다고 하니 손해는 아닌 것 같은데. 당신은 어떻게 할래?
여2	난 기간 한정에 약해서 딸기파르페가 먹고 싶은데….
남	그럼 먼저 거기로 갈까? 나도 같이 갈게.
여2	그렇지만 타임세일하는 곳에도 가고 싶고…. 딸기파르페를 먹고 있다가는 늦을 거야.
남	그럴지도. 그럼 내가 먼저 타임세일하는 곳 갔다 올까? 당신은 먹고 와.
여2	정말? 고마워. 그럼, 부탁할게.

質問1 男の人はどこに行きますか。

1 地下1階
2 1階
3 5階
4 6階

질문1 남자는 어디에 갑니까?

1 지하 1층
2 1층
3 5층
4 6층

質問2 女の人はどこに行きますか。

1 地下1階
2 1階
3 5階
4 6階

질문2 여자는 어디에 갑니까?

1 지하 1층
2 1층
3 5층
4 6층

館内 관내 | 放送 방송 | 本日 오늘 | 来店 내점 | お/ご〜いただく | 〜해 주시다 | 誠に 진심으로 | お買い得 알뜰 구매, 득템 | 商品 상품 | および 및 | 〜につきまして 〜에 대해서 | お/ご〜申し上げる 〜해 드리다 | 5割引き 50% 할인 | 〜させていただく 〜하다(겸양표현) | 買い求める 구매하다 | 特設 특설 | 会場 회장 | 〜におきまして 〜에서 | イチゴ 딸기 | スイーツ 과자 | 博覧会 박람회 | 開催 개최 | 期間 기간 | 限定 한정 | パフェー 파르페 | 数多く 다양하게 | 取り揃える 갖추다 | 立ち寄る 들르다 | 書籍 서적 | 売り場 매장 | 参加 참가 | さらに 게다가 | 大感謝祭 대감사제 | 題する 제목을 붙이다 | 相当 상당 | 当たる 당첨되다, 적중하다 | 抽選会 추첨회 | 実施 실시 | 詳しい 자세하다, 상세하다 | お越しくださいませ 오세요 | どうせ 어차피 | 損 손해 | 付き合う 동행하다, 사귀다 | 間に合う 시간·기간에 대다 | 〜てきな 〜하고 와(〜てきなさい의 준말) | 助かる 살다, 도움이 되다

問題1

1番

<ruby>男<rt>おとこ</rt></ruby>の<ruby>人<rt>ひと</rt></ruby>と<ruby>女<rt>おんな</rt></ruby>の<ruby>人<rt>ひと</rt></ruby>が<ruby>話<rt>はな</rt></ruby>しています。<ruby>女<rt>おんな</rt></ruby>の<ruby>人<rt>ひと</rt></ruby>はまずどこに<ruby>行<rt>い</rt></ruby>きますか。

男　ねえねえねえ、<ruby>何<rt>なに</rt></ruby>してるの？

女　これから、<ruby>美容室<rt>びようしつ</rt></ruby>の<ruby>予約<rt>よやく</rt></ruby>をしようとしてたところよ。<ruby>夏<rt>なつ</rt></ruby>に<ruby>向<rt>む</rt></ruby>けて<ruby>短<rt>みじか</rt></ruby>くしようと思って…。

男　じゃ、<ruby>今日<rt>きょう</rt></ruby>は<ruby>時間<rt>じかん</rt></ruby>ないかあ〜。

女　ちょっと<ruby>忙<rt>いそが</rt></ruby>しいけど、<ruby>時間作<rt>じかんつく</rt></ruby>れないこともないよ。

男　<ruby>本当<rt>ほんとう</rt></ruby>？ちょっと、おつかい<ruby>頼<rt>たの</rt></ruby>めるかな？この<ruby>前<rt>まえ</rt></ruby>、お<ruby>隣<rt>となり</rt></ruby>の<ruby>田中<rt>たなか</rt></ruby>さんと<ruby>花見<rt>はなみ</rt></ruby>に<ruby>行<rt>い</rt></ruby>っただろう？その<ruby>時<rt>とき</rt></ruby>の<ruby>写真<rt>しゃしん</rt></ruby>ができたみたいなんだ。それを<ruby>取<rt>と</rt></ruby>りに<ruby>行<rt>い</rt></ruby>ってくれるかな？

女　それくらいなら。

男　<ruby>助<rt>たす</rt></ruby>かるよ。でも、<ruby>写真<rt>しゃしん</rt></ruby>の<ruby>現像<rt>げんぞう</rt></ruby>2<ruby>時<rt>じ</rt></ruby>にできるんだ。

女　<ruby>私<rt>わたし</rt></ruby>、2<ruby>時<rt>じ</rt></ruby>から<ruby>英会話教室<rt>えいかいわきょうしつ</rt></ruby>よ。<ruby>終<rt>お</rt></ruby>わってからでも<ruby>間<rt>ま</rt></ruby>に<ruby>合<rt>あ</rt></ruby>うでしょ。

男　うん、それは、そうなんだけど…。<ruby>実<rt>じつ</rt></ruby>はその<ruby>時<rt>とき</rt></ruby>、<ruby>手持<rt>ても</rt></ruby>ちのお<ruby>金<rt>かね</rt></ruby>がなくて<ruby>後払<rt>あとばら</rt></ruby>いにしといたから、ついでに<ruby>支払<rt>しはら</rt></ruby>いも<ruby>頼<rt>たの</rt></ruby>むよ。

女　え、<ruby>私<rt>わたし</rt></ruby>も<ruby>今<rt>いま</rt></ruby>、<ruby>手元<rt>てもと</rt></ruby>に<ruby>現金<rt>げんきん</rt></ruby>ないよ。<ruby>銀行行<rt>ぎんこうい</rt></ruby>かなくちゃ。<ruby>営業時間<rt>えいぎょうじかん</rt></ruby>が3<ruby>時<rt>じ</rt></ruby>までだから、<ruby>急<rt>いそ</rt></ruby>がなくちゃね。じゃ、<ruby>美容室<rt>びようしつ</rt></ruby>の<ruby>予約<rt>よやく</rt></ruby>は<ruby>明日<rt>あした</rt></ruby>ね。

<ruby>女<rt>おんな</rt></ruby>の<ruby>人<rt>ひと</rt></ruby>はまずどこに<ruby>行<rt>い</rt></ruby>きますか。

1 <ruby>英会話教室<rt>えいかいわきょうしつ</rt></ruby>
2 <ruby>写真屋<rt>しゃしんや</rt></ruby>
3 <ruby>銀行<rt>ぎんこう</rt></ruby>
4 <ruby>美容室<rt>びようしつ</rt></ruby>

문제1

1번

남자와 여자가 이야기하고 있습니다. 여자는 우선 어디에 갑니까?

남　저기, 뭐하고 있어?

여　이제 미용실 예약을 하려던 참이야. 여름에 맞게 짧게 하려고….

남　그럼 오늘은 시간 없겠네.

여　좀 바쁘지만 시간 못 낼 것도 아니야.

남　그래? 심부름 좀 부탁해도 될까? 일전에 옆집 다나카 씨랑 꽃구경 갔었잖아? 그때 사진이 완성된 것 같아. 그것 좀 찾으러 가 줄래?

여　그 정도라면 뭐.

남　고마워. 근데 사진 현상이 2시에 끝나.

여　나, 2시부터 영어회화교실이 있는데. 끝나고 나서 가도 늦지 않겠지?

남　응, 그건 그런데…. 실은 그 때 가지고 있는 돈이 없어서 후불로 한다고 했으니 가는 김에 결제도 부탁해.

여　어? 나도 지금 수중에 현금 없어. 은행에 가야겠다. 영업시간이 3시까지니까 서둘러야겠네. 그럼 미용실 예약은 내일로 미뤄야지.

여자는 우선 어디에 갑니까?

1 영어회화교실
2 사진관
3 은행
4 미용실

<ruby>美容室<rt>びようしつ</rt></ruby> 미용실 | おつかい 심부름 | <ruby>頼<rt>たの</rt></ruby>む 부탁하다 | <ruby>助<rt>たす</rt></ruby>かる 살아나다, 도움이 되다 | <ruby>現像<rt>げんぞう</rt></ruby> 현상 | <ruby>手持<rt>ても</rt></ruby>ち 수중에 가지고 있음 | <ruby>後払<rt>あとばら</rt></ruby>い 후불 | ついでに 하는 김에 | <ruby>支払<rt>しはら</rt></ruby>い 지불, 결제 | <ruby>手元<rt>てもと</rt></ruby> 자기 주위, 수중 | <ruby>現金<rt>げんきん</rt></ruby> 현금 | 〜なくちゃ 〜해야 한다(〜なくては의 회화체로, 뒤에 いけない가 생략되어 있음) | <ruby>営業<rt>えいぎょう</rt></ruby> 영업

2番

男の人と女の人が話しています。女の人はこの後何をしますか。

女　あ、田中さん、こんにちは。

男　あ、木村さんじゃないですか。こんにちは。どうしたんですか。珍しいですね。木村さん車持ってたんですね。

女　いえいえ、これは母のものです。母が天気予報を見ずに出かけたものだから、傘をもっていかなかったみたいで…。母の車で駅まで迎えに行くところなんですよ。

男　へえ、えらいですね。

女　田中さんはどこかお出かけですか。

男　あ、大学に忘れ物しちゃって取りに行くところなんですよ。

女　こんな雨の日に大変じゃないですか。こんな車で良ければ乗ってください。大学までお送りしますよ。

男　そんな、悪いですよ。お母さまも待っていらっしゃいますし…。それより、もし、お持ちでしたら傘を貸していただけませんか。

女　どうせ、車だからと。傘、家に置いてきちゃったんです。すいません。時間もありますし、本当に学校までお送りしますよ。

男　じゃ、お言葉に甘えて私もお母さまにご挨拶したいですし、駅までお供してもいいですか。駅のコンビニでビニール傘買いますから。

女　本当にそこまででいいんですか。私はどこでも大丈夫ですが。とりあえず、乗ってください。

女の人はこの後何をしますか。
1 一人で母を駅まで迎えに行く
2 男の人を駅まで送る
3 男の人を大学まで送る
4 男の人に傘を貸す

2번

남자와 여자가 이야기하고 있습니다. 여자는 이후 무엇을 합니까?

여　아, 다나카 씨, 안녕하세요.

남　아, 기무라 씨 아니세요? 안녕하세요. 어쩐 일이에요. 희한하네요. 기무라 씨 차 가지고 있었군요.

여　아뇨, 이거 엄마 차예요. 엄마가 일기예보를 안 보고 나가셔서 우산을 안 가지고 나간 모양이라…. 엄마 차로 역까지 마중 나가려던 참이에요.

남　착하네요.

여　다나카 씨는 어디 나가세요?

남　아, 학교에 뭘 좀 두고 와서 가지러 가려던 참이에요.

여　이렇게 비가 오는데 힘들지 않겠어요? 이런 차라도 괜찮으시다면 타세요. 대학교까지 바래다 드릴게요.

남　에이~ 그건 너무 죄송하죠. 어머님도 기다리고 계실 테고. 그보다 혹시 가지고 계신다면 우산 좀 빌릴 수 있을까요?

여　어차피 차로 가는 거라 우산 집에 두고 왔어요. 죄송해요. 시간도 있고 하니 진짜로 학교까지 바래다 드릴게요.

남　그럼, 그렇게 말씀하시니 저도 어머님께 인사도 드리고 싶고, 역까지 동행해도 될까요? 역 편의점에서 비닐우산 사면 되니까요.

여　진짜 거기까지 바래다 드려도 돼요? 저는 어디라도 상관없는데, 일단 타세요.

여자는 이후 무엇을 합니까?
1 혼자서 엄마를 역까지 마중 나간다
2 남자를 역까지 바래다 준다
3 남자를 대학교까지 바래다 준다
4 남자에게 우산을 빌려 준다

珍しい 드물다 | ～ずに ～하지 않고 | 出かける 외출하다 | ～ものだから ～하기 때문에, ～해서 | 傘 우산 | 迎えに行く 마중 나가다 | えらい 훌륭하다, 기특하다 | 忘れ物 두고 온 물건, 분실물 | それより 그것보다 | お/ご～だ ～하시다, ～이시다 | どうせ 어차피 | お言葉に甘えて 말씀을 고맙게 받아들여 | 挨拶 인사 | お供する 동행하다 | ビニール傘 비닐우산 | とりあえず 일단, 우선

3番

男の人と女の人が話しています。男の人はこの後何をしますか。

女 どうしたんですか。何かお困りですか。

男 ええ、ちょっと。携帯電話を失くしてしまったみたいで、連絡手段がなくて困っているんです。まあ、正確には、忘れたのか失くしたのか分からないんですが…。

女 それは、心配ですね。

男 それで、大変申し訳ないのですが、携帯電話を貸していただけませんか。

女 すいません。信じていないわけではないのですが、携帯を貸すと個人情報流出のリスクがあるそうなので、私の携帯はちょっと…。

男 そうですか。そうですよね。見ず知らずの人がいきなり携帯電話を貸してほしいなんて…。警戒しますよね。

女 すいません。それ以外のことで、お力になれることがあれば手伝いますよ。あ、一緒に探しましょうか。

男 ありがとうございます。助かります。ですが、探していただくなんてご迷惑かけられません。この辺りに公衆電話はありませんか。警察に連絡したいんですが。

女 最近じゃ、公衆電話はめっきり減ってしまったみたいで、ここら辺では見当たらないですね。でも交番なら、あの角を曲がったところにありますよ。

男 そうですか。でも、私、方向音痴なもので、交番まで案内してもらえないでしょうか。

女 ええ、それくらいなら。お供しますよ。

男の人はこの後何をしますか。
1 女の人と公衆電話を探す
2 女の人にケータイを借りる
3 女の人と交番に行く
4 女の人とケータイを探す

3번

남자와 여자가 이야기하고 있습니다. 남자는 이후 무엇을 합니까?

여 왜 그러세요? 뭐 곤란한 일 있으세요?

남 네, 좀. 핸드폰을 잃어버린 것 같은데, 연락수단이 없어서 곤란하네요. 뭐 정확하게는 두고 왔는지 잃어버렸는지 모르겠지만….

여 걱정되겠어요.

남 그래서 대단히 죄송하지만, 핸드폰 좀 빌려 주시면 안 될까요?

여 죄송해요. 못 믿는 것은 아니지만 핸드폰을 빌려 주면 개인정보유출의 위험성이 있다고 해서 제 핸드폰은 좀….

남 그래요? 그렇겠죠. 일면식도 없는 사람이 갑자기 핸드폰을 빌려 달라고 하니…. 경계하죠.

여 죄송해요. 그것 외에 힘이 될 만한 것이 있으면 도와드릴게요. 아, 같이 찾아볼까요?

남 감사합니다. 그러면 너무 도움이 되겠지만 찾아 주신다니 그런 민폐를 끼칠 수는 없어요. 이 근처에 공중전화는 없나요? 경찰에 연락하고 싶은데요.

여 최근에는 공중전화가 눈에 띄게 줄어버린 것 같아서 이 주변에는 보이질 않아요. 그렇지만 파출소라면 저 모퉁이를 돌면 있어요.

남 그래요? 근데 제가 방향치라서 그러는데 파출소까지 안내 좀 해주실 수 없을까요?

여 네. 그 정도라면. 같이 가요.

남자는 이후 무엇을 합니까?
1 여자와 공중전화를 찾는다
2 여자에게 휴대전화를 빌린다
3 여자와 파출소에 간다
4 여자와 휴대전화를 찾는다

携帯電話 휴대전화 | 失くす 잃어버리다 | 連絡 연락 | 手段 수단 | 正確に 정확히 | 心配 걱정 | 大変 대단히 | 申し訳ない 죄송하다 | 信じる 믿다 | ～わけではない ～인 것은 아니다 | 個人 개인 | 情報 정보 | 流出 유출 | リスク 위험 | 見ず知らず 일면식도 없음 | いきなり 갑자기 | 警戒 경계 | お力になれる 힘이 될 수 있다 | 探す 찾다 | 迷惑(を)かける 민폐(를) 끼치다 | 辺り 주변 | 公衆電話 공중전화 | 警察 경찰 | めっきり 눈에 띄게 | ここら辺 이 주변 | 見当たる 발견되다, 눈에 띄다 | 交番 파출소 | 方向音痴 방향치

4番

会社で男の人と女の人が話しています。女の人はこの後まず、何をしなければなりませんか。

男　あ、加藤さん、ちょうどよかった。山田課長、どこにいるか知らない？

女　あ、部長。お疲れ様です。課長はさきほど外出されたようですが…。

男　そう。困ったなあ。僕は今から会議の準備だし…。すぐにでも連絡、取りたいんだけど。取引先関連のことだから、急いでるんだけど…。

女　じゃ、私がすぐ連絡しておきますよ。部長に連絡するように話しておきますね。

男　助かるよ。それから、新製品のサンプルが今日届くはずなんだけど、届いていたら数を確認して秘書室のほうまで届けに行ってくれるかな。社長が新製品を心待ちにしてらっしゃるんだ。

女　はい、分かりました。

女の人はこの後まず、何をしなければなりませんか。

1　秘書室に行く
2　サンプルを注文する
3　課長に連絡する
4　会議の準備をする

4번

회사에서 남자와 여자가 이야기하고 있습니다. 여자는 이후 우선, 무엇을 해야 합니까?

남　아, 가토 씨, 마침 잘 됐다. 야마다과장 어디 있는지 알아?

여　아, 부장님, 수고하십니다. 과장님은 아까 외출하신 것 같은데요.

남　그래? 곤란하네. 난 지금부터 회의 준비해야 하는데. 바로 연락 좀 취하고 싶은데. 거래처와 관련된 일이라 좀 서둘러야 해서.

여　그럼 제가 바로 연락해 둘게요. 부장님께 연락하도록 말해 둘게요.

남　고마워. 그리고, 신제품 샘플이 오늘 도착할 건데, 도착하면 개수 확인해서 비서실 쪽에 가져다 줄래? 사장님이 신제품을 기대하고 계시거든.

여　네, 알겠습니다.

여자는 이후 우선, 무엇을 해야 합니까?

1　비서실에 간다
2　샘플을 주문한다
3　과장님에게 연락한다
4　회의 준비를 한다

ちょうど 때마침, 딱 | さきほど 아까 | 外出 외출 | 会議 회의 | 準備 준비 | 連絡を取る 연락을 취하다 | 取引先 거래처 | 関連 관련 | ～ように ～하도록 | 助かる 도움이 되다, 구제되다 | 新製品 신제품 | 届く 배송되다, 닿다 | 確認 확인 | 秘書室 비서실 | 届ける 보내어 주다 | 心待ちにする 은근히 기다리다, 기대하다

5番

男の人と女の人が話しています。二人はこれから
どうしますか。

男　わあ、降ってきちゃったね。

女　この雨じゃ、野球は中止だね。プロ野球観戦、
　　楽しみにしてたんだけどなあ。

男　せっかく、デートの計画立ててたのに…。こ
　　れからの予定が狂っちゃったよ。

女　雨の日のデートプランは考えてなかったんだ
　　ね。

男　ああ、当然晴れると思って、そんなの考えて
　　なかったよ。

女　じゃ、今から、一緒に考えよう。

男　うん。じゃあ、室内デートと言えばやっぱり
　　映画館だよね？

女　映画館はきっと人がいっぱいだよ。今日は休
　　日だし。それより、私、最近ストレスたまっ
　　てるから、ストレス解消できるのがいいな。
　　マッサージとか、ショッピングとか。

男　ストレス解消か…。じゃ、猫カフェなんてど
　　う？最近話題だよ。

女　私、猫アレルギーなんだけど。

男　そっかあ。う～ん。ショッピングはお金をた
　　くさん使いそうだし。無駄遣いするといけな
　　いから、今日は体をリフレッシュするために
　　あそこに行こうか。

女　うん、そうしよう。

5번

남자와 여자가 이야기하고 있습니다. 두 사람은 지금부터 어
떻게 합니까?

남　우와~ 엄청 내리네.

여　이런 비라면 야구는 중지네. 프로야구 관전 기대하
　　고 있었는데.

남　모처럼 데이트 계획 세웠는데…. 앞으로의 예정이
　　다 틀어져버렸어.

여　비 오는 날의 데이트 플랜은 생각 안 했는데 말이지.

남　응, 당연히 맑을 줄 알고 그런 것 생각 안 했지.

여　그럼 지금부터 같이 생각하자.

남　응. 그럼 실내데이트라고 하면 역시 영화관이잖아?

여　영화관은 분명 사람 엄청 많을 거야. 오늘 휴일이기
　　도 하고. 그것보다 나 요즘 스트레스 쌓였으니까 스
　　트레스 해소할 수 있는 것이 좋겠어. 마사지라든가
　　쇼핑이라든가.

남　스트레스 해소라…. 그럼 고양이카페는 어때? 최근
　　화제잖아.

여　나 고양이알레르기 있는데.

남　그래? 흐음. 쇼핑은 돈 많이 쓸 것 같고, 낭비하면 안
　　되니까, 오늘은 몸의 기운을 회복시키기 위해 거기
　　가볼까?

여　응, 그러자.

二人はこれからどうしますか。

1 ショッピングモールに行く
2 映画館で映画を見る
3 猫カフェに行く
4 マッサージを受ける

두 사람은 지금부터 어떻게 합니까?

1 쇼핑몰에 간다
2 영화관에서 영화를 본다
3 고양이카페에 간다
4 마사지를 받는다

野球 야구 | 中止 중지 | 観戦 관전 | 楽しみにする 기대하다 | せっかく 모처럼, 애써서 | 狂う 미치다, 빗나가다, 꼬이다 | 当然 당
연히 | 晴れる 맑다 | 室内 실내 | ～と言えば ～라고 하면 | ストレスがたまる 스트레스가 쌓이다 | 解消 해소 | ～とか ～라든가 |
猫カフェ 고양이 카페 | 話題 화제 | アレルギー 알레르기 | 無駄遣い 낭비 | リフレッシュ 기운을 상쾌하게 함, 리프레시

問題2

タクシーの運転手とお客の女の人が話しています。タクシーの運転手はどうして道を変更しましたか。

女　ちょっと、運転手さん。この道、違いますよ。向こうの道の方が近道ですよ。

男　あ～、お客さん、ここら辺の方ですか。

女　はい、そうですけど。なんであそこで右折したんですか。ナビ通りだと、まっすぐの道だったのに。もしかして、交通事故ですか。

男　いえいえ、違いますよ。最短距離のルートではそうですが、あっちの道は信号が多いので逆に信号待ちに時間がかかってしまうんです。長年この仕事をやってると道の特色とかが分かってくるんですよ。

女　へえ～。じゃあ、あまり、ナビゲーションは意味がないんですね。

男　いえ、ナビゲーションは通行止めや渋滞とかも教えてくれるから、便利といえば便利なんですよ。

タクシーの運転手はどうして道を変更しましたか。

1 通行止めだから
2 渋滞しているから
3 交通事故があったから
4 信号の待ち時間が長いから

문제2

택시 운전기사와 여자 손님이 이야기하고 있습니다. 택시 운전기사는 어째서 길을 변경했습니까?

여　저기, 기사님. 이 길 다른데요. 건너편 길 쪽이 지름길이에요.

남　아, 손님. 이 근처 분이세요?

여　네, 맞아요. 왜 저쪽에서 오른쪽으로 도신 거예요? 네비대로라면 곧장 가는 길이었는데. 혹시 교통사고인가요?

남　아뇨, 그렇지 않아요. 최단거리 루트로는 그렇지만, 저쪽 길은 신호가 많아서 오히려 신호대기하는데 시간이 많이 걸려요. 오랜 기간 이 일을 하고 있으면 길의 특색 같은 것을 알 수 있죠.

여　아～. 그럼 내비는 그다지 의미가 없네요.

남　아뇨, 내비는 통행금지나 정체 같은 것도 가르쳐 주니까 편리하다면 편리하죠.

택시 운전기사는 어째서 길을 변경했습니까?

1 통행금지이기 때문에
2 정체되고 있기 때문에
3 교통사고가 났기 때문에
4 신호대기시간이 길기 때문에

運転手 운전기사 | 変更 변경 | 向こう 건너편, 반대편 | 近道 지름길 | ここら辺 이 근처 | 右折 우회전 | ～通り ～대로 | もしかして 혹시 | 最短距離 최단거리 | ルート 노선, 경로 | 信号 신호 | 逆に 반대로 | 信号待ち 신호대기 | 長年 오랜 기간 | 特色 특색 | 通行止め 통행금지 | 渋滞 정체 | ～といえば ～라고 하면

2番

夫婦が話しています。女の人は何を頼みますか。

男　うわ～、すごい並んでるね。僕たちは、予約しててよかったね。

女　本当ね。あなた、ここ来たことあるんでしょ？何がおすすめなの？

男　僕は、会社の人と来るときはいつも日替わり定食だけど、うどんセットも美味しいよ。このうどん、結構量があってお腹いっぱいになるんだ。

女　へえ～、天ぷらとご飯もついてくるんだね。私、お腹空いてるし、これにしようかな。

男　あと、プラス200円でデザートもついてくるよ。

女　デザートは遠慮しとく。

男　じゃ、僕は日替わり定食にデザートつけようかな。それじゃお店の人呼ぶよ。

女の人は何を頼みますか。

1　日替わり定食
2　日替わり定食とデザート
3　うどんセット
4　うどんセットとデザート

2번

부부가 이야기하고 있습니다. 여자는 무엇을 주문합니까?

남　우와~ 엄청 줄 섰네. 우리는 예약하길 잘했다.

여　진짜~. 당신, 여기 와 본적 있지? 추천메뉴 뭐야?

남　난 회사 사람들이랑 올 때는 늘 일일정식인데 우동 세트도 맛있어. 여기 우동, 양이 꽤 많아서 엄청 배불러.

여　아하~ 튀김이랑 밥도 같이 주네. 난 배고프니까 이걸로 할까봐.

남　그리고, 200엔 더 내면 디저트도 줘.

여　디저트는 사양할래.

남　그럼, 난 일일정식에 디저트 추가해야지. 그럼, 점원 부를게.

여자는 무엇을 주문합니까?

1　일일정식
2　일일정식과 디저트
3　우동세트
4　우동세트와 디저트

夫婦 부부 | 頼む 부탁하다 | 並ぶ 나열하다, 줄서다 | 予約 예약 | おすすめ 추천 | 日替わり定食 일일정식 | 美味しい 맛있다 | 結構 꽤, 상당히 | 量 양 | お腹(が)空く 배(가) 고프다 | ついてくる 딸려 오다 | 遠慮 사양, 거절 | ～とく ～해 두다(～ておく의 줄임말) | つける 딸려 오게 하다, 붙이다

病院で医者と女の人が話しています。女の人はどこが痛いと言っていますか。

女　先生、やっぱりこの前、痛かったところがまた痛みます。

男　そうですか。最近、お仕事大変なんじゃないですか。

女　そうなんですよ。私、主にデスクワークなので目もかすんできて…。

男　薬だけでは限界があるので、そういう時は体を動かすのがいいですよ。少し動かすだけで、血行がよくなり、疲労物質などがたまりにくくなるんです。

女　へえ。でも、どんなことをしたらいいのか…。

男　簡単ですよ。肩を大きく回したり、顔を左右に傾けたり。首、肩、腕などをリラックスさせるためなので、力をいれず、ゆっくりやるのがポイントです。

女　やっぱり、首には軽い運動がいいんですね。

男　そうですね。体の筋肉は頭から足首までつながっているので、悪化すると次は腰が痛くなるでしょうね。痛みが酷くなったら、いつでも、また病院に来てくださいね。

女の人はどこが痛いと言っていますか。

1 頭
2 腰
3 足首
4 首

병원에서 의사와 여자가 이야기하고 있습니다. 여자는 어디가 아프다고 말하고 있습니까?

여　선생님, 역시 요전에 아팠던 곳이 또 아파요.

남　그래요? 최근 일이 힘드신 거 아니에요?

여　맞아요. 제가 주로 책상 앞에서 하는 일이라 눈도 침침해지고….

남　약만으로는 한계가 있으니 그럴 때에는 몸을 움직여주는 것이 좋아요. 약간 움직이기만 해도 혈액순환이 좋아져서 피로물질 등이 잘 안 쌓이게 되거든요.

여　아~. 그렇지만 어떤 것을 하면 좋을지….

남　간단해요. 어깨를 크게 돌리거나, 얼굴을 좌우로 기울이거나. 목, 어깨, 팔 등을 릴랙스하게 해주는 것이기 때문에, 힘을 주지 말고 천천히 하는 것이 포인트입니다.

여　역시, 목에는 가벼운 운동이 좋군요.

남　맞아요. 몸의 근육은 머리부터 발목까지 연결되어 있어서, 악화되면 다음은 허리가 아플 거에요. 통증이 심해지면 언제든지 다시 병원에 오세요.

여자는 어디가 아프다고 말하고 있습니까?

1 머리
2 허리
3 발목
4 목

痛む 아프다 | 主に 주로 | デスクワーク 책상 업무 | 目がかすむ 눈이 침침해지다 | 限界 한계 | 体を動かす 몸을 움직이다 | ～だけで ~만으로, ~하기만 해도 | 血行 혈액순환 | 疲労物質 피로물질 | たまりにくい 쌓이기 어렵다 | 肩 어깨 | 回す 돌리다 | 左右 좌우 | 傾ける 기울이다, 비스듬히 하다 | 首 목 | 腕 팔 | リラックス 릴랙스, 긴장을 풀고 쉼 | 力を入れる 힘을 주다, 힘을 쏟다 | 筋肉 근육 | 足首 발목 | つながる 이어지다, 연결되다 | 悪化 악화 | 腰 허리 | 酷い 심하다

4番

男の人と女の人が話しています。男の人は何が一番辛かったと言っていますか。

女　服、昨日のままじゃない。会社で徹夜でもしたの？

男　違うんだ。これには深いわけが…。実は昨日、泥棒に入られて何もかも盗まれてしまったんだ。

女　えっ、それは大変じゃない。それで浮かない顔してたんだ。

男　いや、それはちゃんと戸締りしなかった自分が悪いんだ。でも悪い事って続くものだね。

女　そういえば、今日の朝、部長に怒られてたよね。さてはそれが関係してるでしょ？

男　いや、仕事はお金がもらえるから、怒られても、大変でも我慢できるよ。でも…。実は、昨日彼女とデートだったんだけど。僕が財布を忘れてデートに遅刻してしまって…。

女　え、まさか。

男　ああ、君の想像通りだよ。

女　彼女に振られたの？それで、辛かったのね。

男　ああ、たいていのことは何とかなるけど、人の気持ちだけは思うようにいかないからね…。

男の人は何が一番辛かったと言っていますか。

1　上司に怒られたこと
2　財布を忘れたこと
3　彼女に振られたこと
4　泥棒に入られたこと

4번

남자와 여자가 이야기하고 있습니다. 남자는 무엇이 가장 괴로웠다고 말하고 있습니까?

여　옷, 어제 그대로잖아. 회사에서 철야라도 했어?

남　아니야. 여기에는 깊은 사연이…. 실은 어제 도둑이 들어서 죄다 도둑맞았어.

여　어머, 그거 큰일이네. 그래서 어두운 얼굴을 하고 있었구나.

남　아니, 그건 제대로 문단속하지 않았던 내가 잘못이지. 그렇지만 안 좋은 일이라는 것은 계속되는 건가 봐.

여　그러고 보니 오늘 아침에 부장님한테 혼났지? 결국은 그게 관계된 거네?

남　아니, 일은 돈 벌 수 있으니까 혼나도 힘들어도 참을 수 있지. 그렇지만…. 사실은 어제 여자친구랑 데이트였는데. 내가 지갑을 놓고 와서 데이트에 늦어 버렸어.

여　어? 설마.

남　응, 너의 상상대로야.

여　여자친구한테 차였어? 그래서 괴로웠구나.

남　응, 대부분의 일은 어떻게든 되겠지만, 사람의 마음만은 생각대로 안 되니까….

남자는 무엇이 가장 괴로웠다고 말하고 있습니까?

1　상사에게 혼났던 일
2　지갑을 두고 온 일
3　여자친구에게 차인 일
4　도둑이 든 일

辛い 괴롭다 | ～まま ～대로 | 徹夜 철야 | わけ 이유, 영문 | 泥棒に入られる 도둑이 들다 | 何もかも 죄다, 모조리 | 盗む 훔치다 | 浮かない顔 내키지 않은 얼굴, 어두운 얼굴 | ちゃんと 제대로 | 戸締り 문단속 | そういえば 그러고 보니 | さては 끝내는, 결국에는 | 我慢 참음, 자제 | 財布 지갑 | 遅刻 지각 | まさか 설마 | 想像 상상 | 振られる 차이다 | 何とかなる 어떻게든 되다 | 上司 상사

5番

会社で男の人と女の人が話しています。女の人は料理教室の何が良いと言っていますか。

男　木村さん、今日もお弁当？毎日すごいね。

女　あ、最近料理教室に通ってて、料理が好きになったんですよ。

男　僕も、何か始めようかな。木村さんはなんで料理教室に通い始めたの？

女　私、前まで体が弱くて、ご飯も毎食きちんととれない時期がありまして…。それで体調を崩してしまって、病院に通ってたことがあったんですよ。そこで病院の先生に、食事についてきちんと学んだ方がいいと言われてしまいまして…。

男　そんなことがあったんだ。それで、料理教室に通うことにしたんだね。やってて、どう？

女　とても勉強になりますし、体の調子もだいぶ良くなりました。

男　それは、良かったね。料理教室は何人くらいで教えてもらうの？

女　20人くらいです。5人で一つのグループになって一緒に料理を作るんですけど。楽しいですよ、いろんな人がいて。お医者さんもいますし、学校の先生もいますし、美容師さんもいますね。自然といろんな人たちと会話をするので、すごく刺激になって、私も頑張ろうって思えるんです。そういうところが、本当にお勧めです。

男　へえ～、いいね。すごく楽しそう。

女の人は料理教室の何が良いと言っていますか。

1 体の調子が良くなること
2 料理の勉強ができること
3 いろいろな職業の人がいること
4 美味しい料理が食べられること

5번

회사에서 남자와 여자가 이야기하고 있습니다. 여자는 요리교실의 무엇이 좋다고 말하고 있습니까?

남　기무라 씨, 오늘도 도시락? 매일 대단하다.

여　아, 요즘 요리교실에 다니고 있어서 요리가 좋아졌거든요.

남　나도 뭔가 시작해 볼까? 기무라 씨는 왜 요리교실에 다니기 시작했어?

여　저는 요전까지 몸이 약해서 밥도 매끼니 제대로 못 챙겨 먹었던 시기가 있었거든요. 그래서 몸 상태가 나빠져 병원에 다녔던 적이 있어요. 거기서 병원 의사 선생님한테 식사에 대해서 제대로 배우는 게 좋겠다는 말을 들어서….

남　그런 일이 있었구나. 그래서, 요리교실에 다니기로 했구나. 다녀보니 어때?

여　굉장히 많은 공부가 되고 몸 상태도 상당히 좋아졌어요.

남　그거 잘됐네. 요리교실은 몇 명 정도로 배우고 있어?

여　20명 정도요. 5명이 한 그룹이 되어서 같이 요리를 만드는데요. 여러 사람들이 있어서 즐거워요. 의사 선생님도 있고, 학교 선생님도 있고, 미용사도 있고요. 자연스럽게 여러 사람들과 대화를 하기 때문에 굉장히 자극이 되서 나도 열심히 해야지~ 하고 생각하거든요. 그런 점은 정말 추천 드려요.

남　아~ 좋네. 진짜 재밌을 것 같아.

여자는 요리교실의 무엇이 좋다고 말하고 있습니까?

1 몸 상태가 좋아진 점
2 요리공부를 할 수 있는 점
3 여러 직업의 사람이 있는 점
4 맛있는 요리를 먹을 수 있는 점

料理教室 요리교실 | お弁当 도시락 | ～に通う ～에 다니다 | なんで 왜, 어째서 | ご飯をとる 밥을 먹다 | 毎食 매끼 | きちんと 제대로 | 時期 시기 | 体調を崩す 컨디션을 해치다 | 学ぶ 배우다 | それで 그래서 | だいぶ 상당히 | 美容師 미용사 | 自然と 자연스럽게 | 刺激 자극 | 頑張る 열심히 하다 | お勧め 추천 | 職業 직업

6番

学校で先生が話しています。男の人は佐藤ゆきさんの何を一番褒めていますか。

男 みなさん、今日の全校集会でうちのクラスの佐藤ゆきさんが優秀学生として校長先生に表彰されます。佐藤さんは普段から授業態度も良く、成績優秀なのもありますが、皆さん知っての通り、先日、迷子の女の子を交番まで送り届けました。その際に迷子の女の子を不安にさせないように歌を歌ったり、おんぶしたりしたそうです。佐藤さんはこのように表彰されるようないいことをしました。でも先生が何よりも素敵だと思うのは人を思いやる心があることです。佐藤さんは毎日気持ちよく挨拶してくれます。それは誰に対しても同じです。ぜひ、皆さんも佐藤さんを見習っていきましょう。

男の人は佐藤ゆきさんの何を一番褒めていますか。
1 勉強が良くできること
2 授業態度が良いこと
3 迷子を助けたこと
4 人に対しての思いやりがあること

6번

학교에서 선생님이 이야기하고 있습니다. 남자는 사토 유키 씨의 무엇을 가장 칭찬하고 있습니까?

남 여러분, 오늘 전체 조회에서 우리반의 사토 유키 씨가 우수학생으로서 교장선생님께 표창을 받습니다. 사토 씨는 평소부터 수업태도도 좋고, 성적이 우수한 것도 있지만, 여러분도 아시다시피 며칠 전 미아가 된 여자 아이를 파출소까지 데려다 줬습니다. 그때, 미아인 여자 아이가 불안해 하지 않도록 노래를 불러주거나 업어주거나 했다고 합니다. 사토 씨는 이처럼 표창 받을 만한 착한 행동을 했습니다. 그렇지만 선생님이 무엇보다도 훌륭하다고 생각하는 것은 다른 사람을 배려해주는 마음이 있는 점입니다. 사토 씨는 매일 기분 좋게 인사를 해 줍니다. 그것은 누구에게나 마찬가지입니다. 여러분들도 꼭 사토 씨를 본받읍시다.

남자는 사토 유키 씨의 무엇을 가장 칭찬하고 있습니까?
1 공부를 잘 하는 것
2 수업태도가 좋은 것
3 미아를 도와준 것
4 다른 사람에 대한 배려가 있는 것

| 褒める 칭찬하다 | 全校集会 전체 조회 | 優秀 우수 | 表彰 표창 | 普段 평소 | 態度 태도 | 成績 성적 | 知っての通り 아시다시피 |
| 先日 며칠 전 | 迷子 미아 | 交番 파출소 | 送り届ける 데려다 주다 | その際に 그 때 | おんぶ 업음 | 何よりも 무엇보다도 | 素敵だ 멋지다, 훌륭하다 | 思いやる 배려하다 | 挨拶 인사 | ～に対しても ～에 대해서도, ～에게도 | 見習う 본받다 | 助ける 구조하다, 돕다 | ～に対しての ～에 대한 | 思いやり 배려

1番

男の人が話しています。

男　皆さんは、風邪をひいた時どうしていますか。風邪って命に関わる大きな病気ではないですから、病院に行くか行かないかは個人差がありますよね。私もいつも悩みます。個人的には、風邪などの軽い病気で病院に行く必要はないと思います。なぜなら、免疫力が低下している時に病気の人が集まる場所に自ら行くのは、自分から病気にかかりに行っているようなもの。だったら、薬局の市販の薬でいいわけです。しかも、ちょっとしたことですぐに病院に行く人が増えると、国の保険料も上がることでしょう。だから、家でゆっくり休むのが一番ですね。

男の人は何について話していますか。
1 風邪などの軽い病気の予防法
2 国民健康保険制度の問題点
3 風邪で病院に行くことのデメリット
4 風邪をひいた時の民間療法

1번

남자가 이야기하고 있습니다.

남　여러분은 감기에 걸렸을 때 어떻게 하고 있습니까? 감기라는 것은 생명에 관계된 큰 병이 아니기 때문에 병원에 갈지 안 갈지는 개인차가 있죠. 저도 늘 고민합니다. 개인적으로는 감기 등의 가벼운 병으로 병원에 갈 필요는 없다고 생각합니다. 왜냐하면, 면역력이 저하된 때에 아픈 사람들이 모이는 곳에 스스로 가는 것은 스스로 병에 걸리려고 가는 것과 같은 것이기 때문입니다. 그렇게 생각하면 약국에 시판되는 약으로 충분합니다. 게다가 사소한 것으로 바로 병원에 가는 사람이 늘면 국가의 보험료도 오르게 되겠죠. 그러니까 집에서 푹 쉬는 것이 가장 좋습니다.

남자는 무엇에 대해서 이야기하고 있습니까?
1 감기 등의 가벼운 병의 예방법
2 국민건강보험제도의 문제점
3 감기로 병원에 가는 것의 단점
4 감기에 걸렸을 때의 민간요법

| 風邪をひく 감기에 걸리다 | 命 목숨, 생명 | ～に関わる ～에 관계되다 | 個人差 개인차 | 悩む 고민하다 | なぜなら 왜냐하면 | 免疫力 면역력 | 低下 저하 | 自ら 스스로 | 薬局 약국 | 市販 시판 | しかも 게다가 | ちょっとした 사소한 | 保険料 보험료 | 予防法 예방법 | 健康保険 건강보험 | 制度 제도 | デメリット 단점 | 民間療法 민간요법 |

2番

テレビでアナウンサーが話しています。

女　今日、お招きいたしましたゲストの方をお呼びしましょう。ガラス細工作家の山田さとしさんです。山田さんは、新しいアートとしてのガラス細工作品を主に海外で発表していらっしゃいます。山田さんが作り出すガラス細工のジャンルは様々でグラスはもちろんのこと、建造物や絵、また衣服に至るまでガラス細工の作品として作ってしまいます。今日は、その中からガラス細工でイヤリングを作る方法を教えていただきます。私が今つけている

2번

TV에서 아나운서가 이야기하고 있습니다.

여　오늘 초대한 게스트 분을 불러 보죠. 유리세공 작가인 야마다 사토시 씨입니다. 야마다 씨는 새로운 예술로서의 유리세공 작품을 주로 해외에서 발표하고 계십니다. 야마다 씨가 만들어내는 유리세공 장르는 다양해서 컵은 물론, 건축물이나 그림, 또 의복에 이르기까지 유리세공의 작품으로서 만들어 버립니다. 오늘은 그 중에서 유리세공으로 귀걸이를 만드는 방법을 배워보겠습니다. 제가 지금 하고 있는 것도 야마다 씨의 작품입니다. 여름 느낌이 물씬 나고 멋있죠? 그럼, 야마다 씨 잘 부탁드립니다.

のも山田さんの作品です。夏らしくて素敵ですよね。では、山田さん、よろしくお願いします。

この番組のテーマは何ですか。

1 ガラス細工教室の案内
2 若い日本人芸術家の紹介
3 ガラス細工で作るアクセサリー
4 ガラス細工の販売

이 프로그램의 테마는 무엇입니까?

1 유리세공교실의 안내
2 젊은 일본인 예술가의 소개
3 유리세공으로 만드는 악세사리
4 유리세공의 판매

招く 초대하다 | ガラス細工 유리세공 | 作家 작가 | ~として ~로서 | 主に 주로 | 発表 발표 | ~ていらっしゃる ~하고 계시다 | 作り出す 만들어내다 | ジャンル 장르 | 様々 여러가지, 다양함 | ~はもちろんのこと ~는 물론 | 建造物 건축물 | 絵 그림 | 衣服 의복 | ~に至るまで ~에 이르기까지 | イヤリング 귀고리 | 夏らしい 여름답다 | 芸術家 예술가 | アクセサリー 악세사리 | 販売 판매

3番

講演会で女の人が話しています。

女 皆さんは何色が好きですか。私は赤色が大好きです。気持ちをポジティブにしてくれますよね。そして赤色は町でもよく見かけます。特にショッピングしている時にはよく目に入りますよね。あれはなぜなのでしょうか。実は、赤色は欲望を刺激する色だと言われているのです。他の色に比べ圧倒的に注目を集めやすいので、企業のロゴや広告にも使われています。実際、バーゲンや安売りのチラシなどに取り入れられることで売り上げが20パーセントも上がったという研究結果もあります。

3번

강연회에서 여자가 이야기하고 있습니다.

여 여러분은 무슨 색을 좋아하세요? 저는 빨간색을 아주 좋아해요. 마음을 긍정적으로 해주죠. 그리고 빨간색은 거리에서도 눈에 잘 띕니다. 특히 쇼핑하고 있을 때에는 자주 눈에 들어오죠. 그것은 왜일까요? 사실 빨간색은 욕망을 자극하는 색이라고 합니다. 다른 색에 비해 압도적으로 주목을 끌기 쉽기 때문에, 기업의 로고나 광고에도 사용되고 있습니다. 실제로 바겐세일이나 염가판매 전단지 등에 (빨간색을) 넣는 것으로 매상이 20%나 올랐다는 연구결과도 있습니다.

何について話していますか。

1 女の人の好きな色について
2 多様な色のイメージについて
3 購買意欲を刺激する色について
4 企業の広告効果について

무엇에 대해서 이야기하고 있습니까?

1 여자가 좋아하는 색에 대해서
2 다양한 색의 이미지에 대해서
3 구매의욕을 자극하는 색에 대해서
4 기업의 광고효과에 대해서

講演会 강연회 | 赤色 빨간색 | ポジティブ 긍정적 | 見かける 눈에 띄다 | 目に入る 눈에 들어오다 | 欲望 욕망 | 刺激 자극 | ~に比べ ~에 비해 | 圧倒的 압도적 | 注目を集める 주목을 끌다 | 企業 기업 | 広告 광고 | 実際 실제 | 安売り 싸게 팜, 염가판매 | 取り入れる 도입하다, 받아들이다 | ~ことで ~란 이유로, ~해서 | 売り上げ 매상 | 上がる 오르다 | 研究 연구 | 多様な 다양한 | 購買 구매 | 意欲 의욕

4番

留守番電話のメッセージを聞いています。

男　木村です。本当は直接お話ししたかったんですが、お電話がつながらなかったもので、留守番電話にメッセージを残しますね。この前いただいたお話しのことなんですが、今の状況では少々難しいと判断致しました。私には身に余るお話しでしたし、何より、部長の下でまた働きたかったのですが…。そちらに移ることはまだ、時期が早かったようです。今の会社でもう少し経験を積みまして、また出直してきます。

男の人の伝えたいことは何ですか。

1　メッセージを聞き次第連絡してほしい
2　転職の話を断らせてほしい
3　新しい仕事を紹介してほしい
4　仕事を手伝ってほしい

4번

부재중 전화의 메시지를 듣고 있습니다.

남　기무라입니다. 사실은 직접 말씀드리고 싶었는데, 전화연결이 안 돼서 부재중 전화에 메시지를 남깁니다. 일전에 하신 이야기에 관한 건데, 지금 상황에서는 좀 어렵다고 판단했습니다. 저한테는 분에 넘치는 이야기였고, 무엇보다 부장님 아래에서 다시 일하고 싶었지만…. 그쪽으로 옮기는 것은 아직 시기가 이른 것 같습니다. 지금 회사에서 조금 더 경험을 쌓고 다시 가겠습니다.

남자가 전하고 싶은 것은 무엇입니까?

1　메시지를 듣는 대로 연락하길 바란다
2　이직 이야기를 거절하고 싶다
3　새로운 일을 소개해주길 바란다
4　일을 도와주길 바란다

留守番電話 부재중 전화 | 直接 직접 | つながる 연결되다 | 残す 남기다 | いただく '받다'의 겸양어 | 状況 상황 | 少々 조금, 다소 | 判断 판단 | 身に余る 분에 넘치다, 과분하다 | 何より 무엇보다 | 下 곁, 아래 | 働く 일하다 | 移る 옮기다, 이동하다 | 時期 시기 | 経験 경험 | 積む 쌓다 | 出直す 다시 나오다 | ～次第 ～하는 대로 | ～てほしい ～하길 바란다 | 転職 이직 | ～(さ)せてほしい ～하고 싶다 | 手伝う 도와주다

5番

息子と母親が話しています。

男　母さん、こんなところまで何しに来たんだよ。そろそろ子離れしろよ。

女　はあ、私もこんなところまで来たくなかったよ。誰かさんが借りたものを返さないからいけないんじゃない。それより、あんた、ちゃんと大学行ってんの？高い学費出してあげてるんだから、ちゃんと通いなさいよ。

男　小言言いに来たのかよ。

女　来たついでに、カレーも作ってあげるから、ちゃんと食べるのよ。インスタントばっかり食べてないで野菜も食べなさいよ。

男　はいはい。

女　あ、そういえば、従妹のみゆきちゃん、5月末に結婚するんだって。親戚なんだからあん

5번

아들과 엄마가 이야기하고 있습니다.

남　엄마, 여기까지 뭐 하러 왔어. 슬슬 자식으로부터 독립하지?

여　나도 여기까지 오고 싶지 않았어. 아무개 씨가 빌린 것을 돌려주지 않으니까 어쩔 수 없잖아? 그것보다 너, 제대로 학교 다니고 있어? 비싼 학비 내주고 있으니까 제대로 다녀.

남　잔소리 하러 왔어?

여　온 김에 카레도 만들어줄 테니 잘 챙겨 먹어. 인스턴트만 먹지 말고 채소도 먹어.

남　네~ 네.

여　아, 그리고 보니 사촌동생인 미유키, 5월말에 결혼한대. 친척이니까 너도 참석해야지.

남　아~ 알겠어. 5월말에 시간 비워둘게.

여　아, 맞다 맞다. 중요한 걸 까먹을 뻔 했네. 너, 이제

たも出席しなきゃだめよ。

男　へえ～、分かったよ。5月末は空けとくよ。

女　あ、そうそう、大事なこと忘れるところだったわ。あんた、いい加減、母さんの車返しなさい。いつまで借りてるつもり？ずっと返してくれないから、こんなところまで来てやったのよ。ほんと感謝してほしいくらいだわ。

男　あ～、ごめんごめん、うっかりしてたよ。

적당히 엄마 차 좀 반납하지? 언제까지 빌릴 생각이야? 계속 안 돌려주니까 여기까지 온 거잖아. 진짜 감사 받고 싶을 정도야.

남　아～ 미안 미안. 깜빡하고 있었어.

女の人は何のために来ましたか。
1 大学に通っているか確認するため
2 従妹の結婚を伝えるため
3 車を返してもらうため
4 料理を作ってあげるため

여자는 무엇 때문에 왔습니까?
1 대학교에 다니고 있는지 확인하기 위해서
2 사촌동생의 결혼을 전하기 위해서
3 차를 돌려 받기 위해서
4 요리를 만들어 주기 위해서

そろそろ 슬슬 | 子離れ 부모가 자식에게 지나친 간섭을 하지 않는 것 | 誰かさん 누구 씨, 아무개 씨 | 返す 반납하다, 돌려주다 | いけない 어쩔 수 없다, 못 쓰다 | あんた 너 | ちゃんと 제대로, 똑바로 | 学費 학비 | 小言 잔소리 | ～ついでに ～하는 김에 | そういえば 그러고 보니 | 従妹 사촌 누이 동생 | ～って ～래 | 親戚 친척 | 空ける 비우다 | ～ところだ ～할 뻔하다, ～할 참이다 | いい加減 적당히 | つもり 생각, 작정 | 感謝 감사 | うっかりする 깜빡하다

問題4

1番

女　空いたお皿、お下げしてもよろしいでしょうか。

男　1 よろしいですよね。
　　2 あ、お願いします。
　　3 はい、自分でできます。

空く 비다 | お皿 그릇 | 下げる 치우다, 내리다 | ～てもよろしい ～해도 된다

2番

男　あ、木村さんじゃない？眼鏡だから気づかなかったよ。

女　1 そんなこともないよ。
　　2 目、悪すぎじゃない？
　　3 うん、時々かけるんだ。

眼鏡 안경 | 気づく 알아차리다 | そんなこともない 그런 것 아니다 | かける (안경, 가면 등) 쓰다

문제4

1번

여　빈 접시 치워도 될까요?

남　1 괜찮죠?
　　2 아, 부탁합니다.
　　3 네, 제가 할 수 있습니다.

2번

남　아, 기무라 씨 아냐? 안경 쓰고 있어서 못 알아봤어.

여　1 그런 거 아니야.
　　2 눈, 너무 나쁜 거 아니야?
　　3 응, 가끔 껴.

3番

女 お手数ですが、アンケートのご協力お願いします。

男 1 協力してくださってありがとうございます。
　　2 すいません。今、急いでて…。
　　3 この答えで、あってますか？

お手数ですが 수고스럽겠지만 | 協力 협력 | 答え 대답 | あう 맞다

4番

女 健康のためにジムに通うことにするわ。

男 1 どうりで元気になったわけだ。
　　2 僕も一緒に行こうかな。
　　3 いつから始めたの？

健康 건강 | ジム 헬스장 | どうりで〜わけだ 그래서 〜했구나

5番

女 バスの時間あってる？ もう一回確認しておいた方がいいんじゃない？

男 1 でも、ちゃんと確かめた方がいいよ。
　　2 そうだね。ちょっと良くないね。
　　3 大丈夫だよ。ちゃんと確認しといたから。

確認 확인 | ちゃんと 제대로, 똑바로 | 確かめる 확인하다 | 〜とく 〜해 두다(〜ておく의 준말)

6番

男 遅くなるって言ったじゃん。僕の帰りを待たずに、先に寝てくれればよかったのに。

女 1 うん、でもあまり眠たくなくて…。
　　2 じゃ、あとで寝ようかな。
　　3 先にご飯食べてね。

〜じゃん 〜잖아 | 〜ずに 〜하지 말고 | 〜ばよかったのに 〜하면 좋았을 텐데 | 眠たい 졸리다

3번

여 수고스럽겠지만, 설문조사에 협력 부탁드립니다.

남 1 협력해 주셔서 감사합니다.
　　2 죄송해요. 지금 서둘러야 해서….
　　3 이 답변이 맞나요?

4번

여 건강을 위해서 헬스장에 다니려고.

남 1 그래서 건강해졌구나.
　　2 나도 같이 갈까?
　　3 언제부터 시작했어?

5번

여 버스 시간 맞아? 한번 더 확인해 두는 편이 좋지 않겠어?

남 1 그렇지만, 제대로 확인하는 편이 좋아.
　　2 그렇네. 좀 안 좋네.
　　3 괜찮아. 제대로 확인해 두었으니까.

6번

남 늦어진다고 말했잖아. 나 오는 거 기다리지 말고 먼저 자면 좋았을 텐데.

여 1 응, 근데 별로 잠이 안 와서….
　　2 그럼, 나중에 잘까?
　　3 먼저 밥 먹어.

7番

女 彼らしくないですね。そんなこと言うなんて。

男　1　本当に、彼らしいね。

　　2　じゃ、どうしたらいい？

　　3　そうだね。どうしちゃったのかな。

~らしい ~답다 | ~なんて ~라니 | どうしちゃったの 어떻게 된 거야? 무슨 일이야?

8番

女 あ、その食器はそのままにしておいてもらえますか。

男　1　あ、戻さなくていいんですね。

　　2　分かりました。もらってきます。

　　3　そこに置くだけでいいんですね。

食器 식기 | そのまま 그대로 | 戻す 되돌리다, 되돌려놓다 | ~だけでいい ~하기만 하면 된다

9番

女 最近、体がいうことを聞きません。私ももう年だということでしょうか。

男　1　そんなこと言わないでくださいよ。

　　2　私の娘も我がままで困ってるんですよ。

　　3　そうですね。人の話は聞いた方がいいですね。

もう年だ 이제 꽤 나이가 들었다 | 娘 딸 | 我がまま 제멋대로임

10番

男 このお菓子、値段の割に味は悪くないね。

女　1　うん、あんまり良くないね。

　　2　味に問題があるね。

　　3　そうね。私もいいと思う。

お菓子 과자 | 値段 가격 | ~割に ~치고는, ~비해서 | 味 맛 | あんまり 그다지(あまり의 강조)

7번

여　그 사람답지 않네요. 그런 말을 하다니.

남　1　진짜 그 사람답네.

　　2　그럼, 어떻게 하면 돼?

　　3　그러게. 어떻게 된 거지?

8번

여　아, 그 식기는 그대로 놔두실래요?

남　1　아, 원래 자리로 갖다 두지 않아도 되는군요.

　　2　알겠습니다. 받아 올게요.

　　3　거기에 두기만 하면 되는군요.

9번

여　요즘 몸이 말을 안 들어요. 저도 이제 나이가 든 걸까요?

남　1　그런 말 하지 마세요.

　　2　제 딸도 제멋대로라 골치를 썩고 있어요.

　　3　그러네요. 다른 사람 말은 듣는 편이 좋네요.

10번

남　이 과자, 가격에 비해서 맛은 나쁘지 않네.

여　1　응, 그다지 좋지 않네.

　　2　맛에 문제가 있지.

　　3　맞아, 나도 좋은 것 같아.

11番

男 ここに車を止められると困ります。すぐに移動させてください。

女 1 分かりました。もちろん、賛成です。
　　2 すみません。すぐに動かします。
　　3 いいですね。どこに移動させましょうか。

車を止める 차를 세우다, 주차하다 | 移動させる 이동시키다 | 賛成 찬성 | 動かす 움직이다

12番

女 志望校に合格できて本当によかったですね。

男 1 家族の協力あってのことです。
　　2 これも、先生のせいですよ。
　　3 大丈夫です。大したことないですから。

志望校 지망학교 | 合格 합격 | 協力 협력 | ～あっての ～이 있어야 성립하는, ～이 아니고서는 불가능한 | ～せいだ ～탓이다 | 大したこと 대단한 일, 큰 일

問題5

1番

男の大学生が旅行会社の人と電話で話しています。

女 もしもし。私、青空トラベルの木村と申しますが、山田博様のお電話でよろしいでしょうか。

男 はい、そうですが。

女 先日、ネットでお申し込みいただいた航空券のことでお電話差し上げました。ご希望のお日にちに空きがございましたので、航空券お取り致しました。

男 あ、そうなんですか。ありがとうございます。僕、時間指定はしなかったですよね? しあさっての何時の飛行機ですか。

女 お客様、しあさってではございませんよ。お取りしたのは、明日の9時発の便です。お申し込み用紙にも、そう記入されていらっしゃいますが…。

男 え、しあさっての日にちで申し込んだはずなんですが。間違えちゃったのかな。明日は大学の授業があって行けそうにないんです

11번

남 여기에 차 세우시면 곤란합니다. 바로 이동시켜 주세요.

여 1 알겠습니다. 물론, 찬성입니다.
　　2 죄송합니다. 바로 이동할게요.
　　3 좋네요. 어디로 이동시킬까요?

12번

여 지망학교에 합격해서 정말 다행이네요.

남 1 가족들의 협력이 있었기 때문이에요.
　　2 이것도 선생님 탓이에요.
　　3 괜찮아요. 큰 일 아니니까.

문제5

1번

남자 대학생이 여행사 사람과 전화로 이야기하고 있습니다.

여 여보세요. 저는 아오조라 여행의 기무라라고 합니다만, 야마다 히로시님 전화인가요?

남 네, 그런데요.

여 일전에 인터넷으로 신청해주신 항공권 때문에 전화 드렸습니다. 희망하시는 날짜에 공석이 있어서 항공권 예약했습니다.

남 아, 그래요? 감사합니다. 제가 시간 지정은 안 했죠? 글피 몇 시 비행기인가요?

여 손님, 글피가 아닌데요. 예약한 것은 내일 9시 출발 항공편입니다. 신청용지에도 그렇게 기입하셨는데요….

남 네? 글피 날짜로 신청했을 텐데요. 잘못 기입했나? 내일은 대학교 수업이 있어서 못 갈 것 같은데요. 곤란하네.

여 그럼 취소하고 다시 예약하시겠습니까?

남 네, 그렇네요. 글피 항공편으로 부탁드립니다.

여 그렇게 하시면 하루 전 취소가 됩니다. 당사에서는 대금의 반을 받고 있기 때문에, 수고스럽겠지만 오

が…。困ったなあ。

女　では、キャンセルして、ご予約し直されますか。

男　はい、そうですね。しあさっての便でお願いします。

女　そうしましたら、前日のキャンセル扱いとさせていただきます。当社では代金の半額をいただいておりますので、お手数ですが、本日中に入金のほうをお願いいたします。それから、しあさっての便の代金も追加でお支払いいただくことになりますが、よろしいでしょうか。

男　え、半額？それに、しあさっての便も？ちょっと、無理です。無料で変更することはできないんでしょうか。

女　ええ、それは難しいですね。

男　そうですよね。しょうがないですね。迷惑かけちゃって、すいません。明日は授業を休むことにします。

늘 중으로 입금 부탁드립니다. 그리고 글피의 항공편 대금도 추가로 지불하시게 되는데 괜찮나요?

남　네? 반이요? 게다가 글피의 항공편요? 그건 좀 무리네요. 무료로 변경할 수는 없나요?

여　네, 그건 좀 어려워요.

남　그렇죠? 어쩔 수 없네요. 귀찮게 해서 죄송합니다. 내일은 수업을 쉬기로 할게요.

男の学生はどうすることにしましたか。

1　航空券をキャンセルする
2　しあさっての便を予約する
3　しあさっての飛行機に乗る
4　明日の飛行機に乗る

남학생은 어떻게 하기로 했습니까?

1　항공권을 취소한다
2　글피 항공편을 예약한다
3　글피 비행기를 탄다
4　내일 비행기를 탄다

旅行会社 여행사 | 先日 며칠전 | ネット 인터넷 | 申し込む 신청하다 | お/ご～いただく ～해 주시다 | 航空券 항공권 | 差し上げる 드리다 | 希望 희망 | 日にち 날짜 | 空き 공석 | ござる 'ある'의 높임말 | 指定 지정 | しあさって 글피 | ～でございます '～입니다'의 높임말 | 便 편 | お申し込み用紙 신청용지 | 記入 기입 | ～はずだ ～일 터이다 | 間違える 틀리다, 실수하다 | 授業 수업 | ～そうに(も)ない ～하지 못할 것 같다 | キャンセル 캔슬 | 予約 예약 | ～直す 다시 ～하다 | 前日 전날 | 扱い 취급, 대우, 다룸 | ～させていただきます ～하겠습니다 | 当社 당사 | 代金 대금 | 半額 반액 | 入金 입금 | 追加 추가 | お支払い 지불 | 変更する 변경하다 | しょうがない 어쩔 수 없다 | 迷惑(を)かける 민폐(를) 끼치다

2番

家族で話しています。

女　そろそろ、母の日だけど、今年は何をプレゼントしようか。

男1　そういうの男の俺じゃ分からないから、姉ちゃんが考えてよ。

女　もう、無責任なんだから、あんたも考えなさいよ。

2번

가족끼리 이야기하고 있습니다.

여　슬슬 어머니의 날인데, 올해는 뭐 선물할까?

남1　그런 것은 남자인 나는 모르니까 누나가 생각해봐.

여　완전 무책임하다니까~ 너도 생각해봐.

남2　그래. 이런건 어떤 것을 줘도 기뻐할 거니까. 자기를 위해서 생각해 줬다는 마음이 중요한 거야.

男2 そうだぞ。こういうのはどんなものをあげても喜ばれるんだ。自分のために考えてくれたという気持ちが大事なんだよ。

女 お父さんの言う通りよ。確か、去年はエプロンだったよね。今年は、ちょっと豪華にネックレスなんてどうかしら？

男1 いいんじゃない。僕もアルバイトで結構おこづかい貯まったし、足りなければ父さんもいるし。

女 でも、ちょっと特別感を出したいから、誕生石にするのはどう？ 7月は真珠だったかしら？

男2 いや、ルビーだよ。でも、母さんルビーたくさん持ってるぞ。父さんがたくさんプレゼントしたからな。

女 そっかあ。

男1 父さん、母さんからなんかほしい物とか聞いてないの？

男2 ものじゃないけど、旅行に行きたいとは前から言ってたな。温泉に入ってゆっくりしたいそうだよ。

女 さすがに、温泉旅行のプレゼントはちょっと…。

男1 だったら、温泉の素をあげるのは？ 家でいつでも温泉気分が味わえるんじゃない？

女 いいね。旅行にいくのも疲れるし。じゃ、早速買いに行こう。

여 아빠가 말한 대로야. 아마 작년에는 앞치마였지? 올해는 좀 고급스럽게 목걸이 같은 거 어때?

남1 괜찮네. 나도 아르바이트해서 용돈도 꽤 모였고, 부족하면 아빠도 있고.

여 그렇지만 좀 특별함을 주고 싶으니까, 탄생석으로 하는 것은 어때? 7월이 진주였던가?

남2 아니 루비야. 근데 엄마 루비 많이 가지고 있어. 아빠가 많이 선물해줬거든.

여 그렇구나~.

남1 아빠, 엄마한테서 뭔가 갖고 싶은 거라든가 들은 것 없어?

남2 물건은 아닌데, 여행 가고 싶다고는 전부터 얘기했었지. 온천에 들어가서 푹 쉬고 싶대.

여 그렇다고는 하나 온천여행 선물은 좀….

남1 그럼 온천입욕제를 주는 것은 어때? 집에서 언제든 온천기분을 맛 볼 수 있잖아?

여 좋네. 여행 가는 것도 피곤하고. 그럼 당장 사러 가자.

母の日に何をプレゼントすることにしましたか。

1 真珠のネックレス
2 ルビーのネックレス
3 温泉旅行券
4 温泉の素

어머니의 날에 무엇을 선물하기로 했습니까?

1 진주 목걸이
2 루비 목걸이
3 온천여행권
4 온천입욕제

そろそろ 슬슬 | 母の日 어머니의 날 | 俺 나 | 無責任 무책임 | 言う通り 말한 대로 | 確か 필시, 아마 | 豪華に 호화롭게, 고급스럽게 | ネックレス 목걸이 | 結構 꽤, 상당히 | おこづかい 용돈 | 貯まる (돈, 재산 등) 모이다 | 足りない 부족하다 | 特別感 특별감 | 誕生石 탄생석 | 真珠 진주 | ～かしら 였니?(주로 여성이 씀) | 温泉 온천 | さすがに 그렇다고는 하나, 그러나 | 素 원료 | 味わう 맛보다 | 早速 빨리, 당장

3番

男の人と女の人が料理教室のクラスについて説明を聞いています。

남자와 여자가 요리교실의 클래스에 대해 설명을 듣고 있습니다.

女1 このABC料理教室で一番人気があるクラスは「家庭料理クラス」です。日々の食卓で活かせる和食を中心にご紹介するクラスです。次に人気なのが「おもてなしクラス」です。和食、中華、洋食、幅広い分野の料理が教われ、お客様をもてなす時の手が込んだ料理を学んでいただけます。3つ目は「洋食ビギナークラス」です。パスタはもちろん、ピザの焼き方も身につけることができます。4つ目は「お菓子・ケーキクラス」です。パンやクッキーなどの焼き菓子や和菓子も学んでいただけます。ABC料理教室では料理の基本からおもてなしまで充実したカリキュラムで料理のレパートリーが増やせます。ぜひ、ここで皆さんの料理の腕をあげてみてはいかがでしょうか。

여1 여기 ABC요리교실에서 가장 인기가 있는 클래스는 '가정요리 클래스'입니다. 매일 먹는 식탁에서 활용할 수 있는 일식을 중심으로 소개하는 클래스입니다. 다음으로 인기인 것은 '손님대접 클래스'입니다. 일식, 중식, 양식, 폭넓은 분야의 요리를 배워, 손님을 대접할 때의 손이 많이 가는 요리를 배울 수 있습니다. 세 번째는 '양식 비기너 클래스'입니다. 파스타는 물론이고 피자 굽는 법도 익힐 수 있습니다. 네 번째는 '과자・케이크 클래스'입니다. 빵이나 쿠키 등의 구운 과자나 화과자도 배울 수 있습니다. ABC요리교실에서는 요리의 기본부터 손님대접 요리까지 충실한 커리큘럼으로 요리의 범위를 늘릴 수 있습니다. 꼭 여기에서 여러분들의 요리 실력을 늘려 보는 것은 어떨까요?

男 う〜ん。どれも悩むな。お菓子とか家で作ったことないし、これもいいな。

여2 そうだね。でもこれ、平日の昼のクラスらしいよ。会社、抜け出せないから、難しいね。

男 そっか。じゃ、おもてなしにしようかな?

여2 色々な料理が経験できるからいいけど、他の比べて材料費がかなりかかるんじゃないかな。

男 それもそうだね。やっぱり、基本から入ろうかな。家庭料理はきっと役に立つし。

여2 うん、和食もいいよね。

男 あ、でもやっぱり、ピザが作れる男ってなんかかっこよくない?パスタも魅力的だなあ。あ〜、悩むなあ。

여2 私は、料理、そんなに得意じゃないし。最初は基礎から身につけようかな。それから、徐々にレベルアップして、おもてなしに挑戦することにしようっと。

男 それもいいね。じゃ、僕はおいしいマルゲリータピザを習得しておくから、おいしい味噌汁とか魚の煮もの食べさせてよ。

남 흐음〜. 다 고민되네. 과자 같은 거 집에서 만들어 본 적도 없고 하니, 이것도 좋고.

여2 맞아. 그렇지만 이거 평일 낮 클래스 같은데. 회사에서 못 빠져 나오니까 힘들지.

남 그런가? 그럼 대접요리로 할까?

여2 여러 가지 요리를 경험할 수 있으니 좋긴 한데, 다른 것에 비해서 재료비가 꽤 드는 거 아닐까.

남 그것도 그러네. 역시 기본부터 들어갈까? 가정요리는 분명 도움이 될 거고.

여2 응, 일식도 좋아.

남 아, 그렇지만 역시 피자 만들 수 있는 남자라 하면 왠지 멋있지 않아? 파스타도 매력적이고. 아~ 고민되네.

여2 난 요리 잘 못하기도 하고. 처음에는 기초부터 익혀 볼까? 그리고 나서 서서히 레벨업해서 대접요리에 도전해봐야지.

남 그것도 좋네. 그럼, 나는 맛있는 마르게리타 피자를 습득해 둘 테니, 맛있는 된장국이나 생선조림 먹게 해줘.

質問1　女の人はどのクラスを選びましたか。

1　家庭料理クラス
2　おもてなしクラス
3　洋食ビギナークラス
4　お菓子・ケーキクラス

질문1　여자는 어느 클래스를 선택했습니까?

1　가정요리 클래스
2　대접요리 클래스
3　양식 비기너 클래스
4　과자·케이크 클래스

質問2　男の人はどのクラスを選びましたか。

1　家庭料理クラス
2　おもてなしクラス
3　洋食ビギナークラス
4　お菓子・ケーキクラス

질문2　남자는 어느 클래스를 선택했습니까?

1　가정요리 클래스
2　대접요리 클래스
3　양식 비기너 클래스
4　과자·케이크 클래스

家庭料理 가정요리｜日々 하루하루, 매일｜食卓 식탁｜活かす 살리다, 활용하다｜和食 일식｜～を中心に ～을 중심으로｜紹介 소개｜おもてなし 대접｜中華 중화｜洋食 양식｜幅広い 폭넓다｜分野 분야｜教わる 배우다｜もてなす 대접하다｜手が込む 손이 많이 가다｜～はもちろん ～는 물론이고｜焼き方 굽는 방법｜身につける 익히다｜お菓子 과자｜焼き菓子 구운 과자｜和菓子 화과자｜基本 기본｜充実 충실｜カリキュラム 커리큘럼｜レパートリー 레퍼토리, 범위｜増やす 늘리다｜腕をあげる 솜씨를 늘리다｜悩む 고민하다｜平日 평일｜抜け出す 빠져나오다｜材料費 재료비｜かなり 상당히｜役に立つ 도움이 되다｜かっこいい 멋있다｜魅力的 매력적｜得意だ 잘하다, 능숙하다｜基礎 기초｜徐々に 서서히｜挑戦 도전｜習得 습득｜味噌汁 된장국｜～とか ～라든가｜魚 생선｜煮もの 조림

問題1

1番

ふ ふう ひ こ じゅん び
夫婦が引っ越しの準備をしています。捨てるもの
はどれですか。

女 引っ越しの荷造りって大変。私たちの家ってこ
んなに要らない物であふれてたのね。この際だ
から、新居に要らないものは捨てましょうよ。

男 そうだな。そういえばさっき、いつのか分か
らない古い料理の本、見つけたぞ。あれは捨
ててもいいんじゃない？

女 あ〜、あれは私がお嫁にくるときにお母さん
が持たせてくれたものよ。料理の勉強をしな
さいって。

男 そうなんだ。でも最近じゃ、ネットやアプリ
でレシピが探せるから、あれは捨てておくよ。

女 ダメよ。もったいない。あの本にあるレシピ
は全部、基本的な和食なの。中でも煮物の味
付けはあれじゃないとダメなのよ。

男 確かに、君の作った煮物は絶品だしな。

女 でしょ？ それより、智也が小さい時に着てい
た服が問題ね。かさばるし。

男 そんなの捨てちゃえよ。それこそ要らない
じゃん。

女 捨てるにはもったいないじゃない。あ、そう
いえば、親戚の綾香ちゃん、先月男の子が生
まれたって言ってたよね。綾香ちゃんに譲ろ
うかしら？

男 うん、そうしなよ。あ、このぼろぼろの靴も
処分したら？ もう履かないだろう？

女 それ、あなたがプレゼントしてくれたものだ
から、大事に履いてたのよ。覚えてないの？

男 そっかあ。なら、とっておくか。

女 それより、あなたの野球のグローブ、汚いし、
もう、野球もしないんだから捨てたらどう？

男 引っ越したら、またやるかもしれないだろう？

女 その言葉、引っ越すたびに聞いたけど、結局
やらなかったじゃない。もし始めるってなっ
たら、また新しい物、買ったらいいでしょ？

男 まあ、そうだな。

문제1

1번

부부가 이사 준비를 하고 있습니다. 버리는 것은 어느 것입
니까?

여 이삿짐 꾸리는 거 너무 힘들어. 우리 집, 이렇게 필
요 없는 물건으로 넘쳤었구나. 이 참에 새로운 집에
필요 없는 것은 버리자.

남 그러게. 그리고 보니 방금 전에 언제 것인지도 모르
는 낡은 요리 책 봤어. 그건 버려도 되는 거 아니야?

여 아~ 그건 내가 시집 올 때 엄마가 챙겨주신 거야. 요
리 공부 좀 하라고.

남 그렇구나. 하지만 최근에는 인터넷이나 어플로 레
시피를 찾을 수 있으니 저건 버려 둘게.

여 안돼. 아까워. 그 책에 있는 레시피는 모두 기본적인
일식이야. 그 중에서도 조림의 맛내기는 그게 아니
면 안돼.

남 확실히 당신이 만든 조림은 일품이지.

여 그렇지? 그보다 도모야가 어릴 때 입었던 옷이 문제
야. 부피도 크고.

남 그런 거 버려버려. 그거야말로 필요 없잖아.

여 버리기엔 아깝잖아. 아, 그리고 보니 친척인 아야카,
지난달에 사내아이가 태어났다고 했었지. 아야카한
테 물려줄까?

남 응. 그렇게 해. 아, 이 너덜너덜한 신발도 처분하는
게 어때? 이제 신지도 않잖아?

여 그거 당신이 선물해 준거라서 아껴서 신었어. 기억
안나?

남 그런가? 그럼 빼 둘까.

여 그보다 당신 야구 글러브, 더럽기도 하고 이제 야구
도 안 하니까 버리는 게 어때?

남 이사하면 또 할지도 모르잖아?

여 그 말, 이사할 때마다 들었는데 결국은 안 했잖아.
만약 시작하게 되면 다시 새로운 것 사면 되잖아.

남 뭐, 그렇지.

捨てるものはどれですか。

1 料理の本
2 子供服
3 靴
4 野球のグローブ

버리는 것은 어느 것입니까?

1 요리책
2 아이 옷
3 신발
4 야구 글러브

夫婦 부부	引っ越し 이사	荷造り 짐꾸리기	要らない 필요 없다	あふれる 넘치다	この際 이 참에	新居 새로운 집	お嫁に
くる 시집 오다	アプリ 어플	探す 찾다	もったいない 아깝다	基本的 기본적	和食 일식	煮物 조림	味付け 맛내기	絶品
일품	かさばる 부피가 늘다	親戚 친척	譲る 양도하다, 물려주다	ぼろぼろ 너덜너덜	処分 처분	履く 신다	とっておく
간직해 두다	グローブ 글로브	言葉 단어, 말	～たびに ～때마다	結局 결국	子供服 아이 옷

2番

レストランで女の人と店員が話しています。女の人はこの後まずどうしますか。

男 いらっしゃいませ。何名様ですか。

女 6人なんですが、テーブル席ありますか。

男 申し訳ございません。ただいま、6人掛けのテーブル席は満席でございまして、4人掛けのテーブル席もしくはカウンター席ならすぐにご案内できるんですが。

女 そうなんですか。どれくらい、待たないといけませんか。

男 15分ほどですかね。

女 そうですか。どうしようかな。

男 カウンター席に6人もご案内できますよ。皆さんご一緒じゃなくてもよろしければ4人席に3人ずつおかけになってもいいですし。4人席に4人、カウンター席に2人でも可能ですよ。

女 困ったなあ。やっぱり、みんな一緒に座らないと意味がないし…。でもカウンターだとみんなと話しづらいし…。

男 でしたら、とりあえずカウンター席でお待ちいただいて、6人掛けのテーブル席が空きましたら、ご案内いたしましょうか。

女 じゃ、ひとまずそうします。

2번

레스토랑에서 여자와 점원이 이야기하고 있습니다. 여자는 이후 우선 어떻게 합니까?

남 어서 오세요. 몇 분이세요?

여 6명인데 테이블석 있나요?

남 죄송합니다. 지금 6인용 테이블석이 만석이라서, 4인용 테이블석 혹은 카운터 자리라면 바로 안내해 드릴 수 있습니다만….

여 그런가요? 어느 정도 기다려야 하나요?

남 15분정도일 것 같아요.

여 그래요? 어쩌지.

남 카운터 자리로 여섯 분도 안내 가능합니다. 다 같이 앉지 않으셔도 된다면 4인석에 세 분씩 앉으셔도 되고요. 4인석에 네 분, 카운터 자리에 두 분 앉으셔도 되고요.

여 곤란한데. 역시, 다 같이 앉는 게 아니면 의미 없고…, 그치만 카운터 자리면 다 같이 얘기하기도 힘들고….

남 그렇다면 우선 카운터 자리에서 기다리셨다가 6인용 테이블석이 비면 안내해 드릴까요?

여 그럼, 우선 그렇게 할게요.

女の人はこの後まずどうしますか。

1 カウンター席に座る
2 4人掛けのテーブル席に座る
3 6人掛けのテーブル席に座る
4 他の店に行く

여자는 이후 우선 어떻게 합니까?

1 카운터 자리에 앉는다
2 4인용 테이블석에 앉는다
3 6인용 테이블석에 앉는다
4 다른 가게에 간다

ただいま 지금 | 6人掛け 6인용 | 満席 만석 | 〜でございます 〜입니다 | もしくは 혹은 | 案内 안내 | お/ご〜できる 〜해 드릴 수 있다 | 〜ずつ 〜씩 | お/ご〜になる 〜하시다 | 可能 가능 | 〜づらい 〜하기 어렵다 | でしたら 그렇다면 | とりあえず 일단, 우선 | 空く 비다 | お/ご〜いたす 〜해 드리다 | ひとまず 일단, 우선

3番

男の人と女の人がゴミ捨て場で話しています。缶と瓶が捨てられるのはいつですか。

女　ちょっと、山田さん、今日は可燃ごみの日だから、缶や瓶は出せませんよ。不燃ゴミは明後日ですよ。

男　え、そうなんですか。引っ越したばかりで、勘違いしてしまいました。すいません。僕が前に住んでた隣町は火曜日が不燃ごみの日だったので、てっきりこの町も同じだと思ってました。

女　そうだったんですね。地域によって分別方法とか曜日とか違いますからね。気を付けてください。

男　はい。え〜っと。じゃ、缶と瓶は不燃ゴミの日に出すってことでいいんですよね？

女　はい、そうですよ。ちなみにプラスチックや金属類も不燃ごみの日に出しますよ。

男　そうなんですか。僕が以前住んでいたところは不燃ごみの日に金属類が出せなくて、違う日に集めてたんですよ。たしか第1・第3水曜日でした。

女　それは紛らわしいですね。ここも去年までは古紙回収の日が第2・第4月曜日だったんですけど、今年から可燃ごみの日と同じになったんです。曜日が変わると混乱しますよね。

男　僕もこれからは間違えないように気を付けます。

缶と瓶が捨てられるのはいつですか。

1 月曜日
2 火曜日
3 水曜日
4 木曜日

3번

남자와 여자가 쓰레기 버리는 곳에서 이야기하고 있습니다. 캔과 병을 버릴 수 있는 것은 언제입니까?

여　저기, 야마다 씨, 오늘은 타는 쓰레기 버리는 날이니까, 캔이나 병은 내놓으시면 안 돼요. 타지 않는 쓰레기는 모레예요.

남　아, 그래요? 이사 온 지 얼마 안 되서 착각했네요. 죄송합니다. 제가 전에 살았던 옆 동네는 화요일이 타지 않는 쓰레기를 내놓는 날이었기 때문에, 틀림없이 이 동네도 같을 거라고 생각했어요.

여　그러셨구나. 지역에 따라 분리방법이라든가 요일이 다르니까요. 주의해 주세요.

남　네. 아~ 그럼, 캔과 병은 타지 않는 쓰레기를 버리는 날에 내놓으면 되는 거죠?

여　네. 맞아요. 또한 플라스틱과 금속류도 타지 않는 쓰레기 버리는 날에 내놓으시면 돼요.

남　그래요? 제가 이전에 살았던 곳은 타지 않는 쓰레기 버리는 날에 금속류를 내놓을 수 없어, 다른 날에 모았거든요. 아마 첫째 주, 셋째 주 수요일이었어요.

여　그것 참 헷갈리겠네요. 여기도 작년까지는 폐지 수집하는 날이 둘째 주, 넷째 주 월요일이었는데, 올해부터 타는 쓰레기 버리는 날이랑 같아졌어요. 요일이 바뀌면 혼란스럽죠.

남　저도 앞으로는 틀리지 않도록 주의하겠습니다.

캔과 병을 버릴 수 있는 것은 언제입니까?

1 월요일
2 화요일
3 수요일
4 목요일

ゴミ捨て場 쓰레기 버리는 곳 | 缶 캔 | 瓶 병 | 可燃ごみ 타는 쓰레기 | 不燃ゴミ 타지 않는 쓰레기 | 明後日 모레 | 引っ越す 이사하다 | ~たばかりだ 이제 막 ~하다 | 勘違いする 착각하다 | 隣町 옆동네 | てっきり 틀림없이 | 地域 지역 | ~によって ~에 따라서 | 分別 분별, 분리 | 方法 방법 | ちなみに 덧붙여서 | 金属類 금속류 | 紛らわしい 헷갈리다 | 古紙 헌 종이, 폐지 | 回収 회수 | 混乱 혼란 | 間違える 착각하다, 실수하다, 틀리다 | 気を付ける 유의하다, 주의하다

4番

先生と学生が大学の研究室で話しています。学生はどの本のコピーをとりますか。

男 高橋さん、この前のゼミでの発表、とてもよかったよ。

女 ありがとうございます。教授が推薦してくださった参考図書のおかげで、理解が深まったからだと思います。

男 役に立てたならよかったよ。あ、そういえば今度の土曜日セミナーの助手をぜひ高橋さんに頼みたいんだけど、どうかな？ 高橋さんの研究にも役に立つと思うんだけど。

女 本当ですか。教授の助手だなんて光栄です。ぜひ、やらせてください。

男 じゃ、早速なんだけど、そこの本棚にエマ・アボットの本があると思うんだけど、探してくれるかな？

女 はい。この『大気汚染』という本ですよね？

男 あ～、それじゃなくて、もう一つあるだろう？『水質汚染』が。一番上かな？

女 あっ、ありました。でも3冊ありますよ。上・中・下巻ありますが、どれですか。

男 じゃあ、とりあえず、上巻だけ頼むよ。あ、やっぱり下巻も。

女 はい。

男 じゃ、上の98ページから、112ページまでと下の56ページから87ページまでコピーを40部してもらえるかな？

女 はい。

4번

선생님과 학생이 대학 연구실에서 이야기하고 있습니다. 학생은 어느 책을 복사합니까?

남 다카하시 씨, 일전의 세미나 발표 너무 좋았어.

여 감사합니다. 교수님이 추천해주신 참고도서 덕분에 깊게 이해할 수 있었기 때문이라고 생각해요.

남 도움이 되었다면 다행이네. 아, 그러고 보니 이번 토요일 세미나의 조교를 꼭 다카하시 씨한테 부탁하고 싶은데, 어때? 다카하시 씨의 연구에도 도움이 될 거라 생각하는데.

여 정말요? 교수님의 조교라니 제가 영광이죠. 꼭 하게 해주세요.

남 그럼, 갑작스럽긴 한데, 거기 책장에 에마 애보트의 책이 있을테니 찾아 주겠나?

여 네. 이 『대기오염』이라는 책이죠?

남 아~ 그거 말고 하나 더 있지? 『수질오염』이. 제일 위던가?

여 아, 있네요. 그런데 세 권 있어요. 상, 중, 하권이 있는데 어떤 거에요?

남 그럼, 우선 상권만 부탁해. 아, 역시 하권도.

여 네.

남 그럼 상권의 98페이지부터 112페이지까지하고, 하권의 56페이지부터 87페이지까지 40부 복사해 주겠나?

여 네.

学生はどの本のコピーをとりますか。

1 『大気汚染』の上巻
2 『大気汚染』の上巻と下巻
3 『水質汚染』の上巻と下巻
4 『水質汚染』の全巻

학생은 어느 책을 복사합니까?

1 『대기오염』의 상권
2 『대기오염』의 상권과 하권
3 『수질오염』의 상권과 하권
4 『수질오염』의 전권

5番

寿司屋で女の人が注文しています。女の人はいくら払うことになりますか。

男　いらっしゃいませ。お一人様ですか。

女　あ、いえ。持ち帰りでお願いしたいんですが。

男　かしこまりました。ご注文はお決まりですか。

女　上にぎり2人前と特上にぎり1人前でお願いします。

男　はい。上にぎり2人前、特上にぎり1人前をお持ち帰りですね。

女　はい。あ、そういえば、このクーポン使えますか。3人前の注文の時は1人前が半額になるんですよね？

男　はい、ご使用になられますよ。では、特上にぎりの方を半額とさせていただきます。そうしましたら、上にぎり1200円が2人前で2400円、特上にぎり1800円がクーポンのご使用で半額の900円になり、合計3300円となります。

女　え、3300円なんですか。持ち帰りの場合は250円割引になるって聞いてきたんですが。

男　あ、失礼いたしました。持ち帰り割引も適用されます。大変申し訳ございません。

女　大丈夫ですよ。

5번

초밥집에서 여자가 주문하고 있습니다. 여자는 얼마 지불하게 됩니까?

남　어서 오세요. 한 분이신가요?

여　아, 아뇨. 포장 부탁하려고요.

남　알겠습니다. 주문은 결정하셨나요?

여　상초밥 2인분이랑 특상초밥 1인분으로 부탁드려요.

남　네. 상초밥 2인분, 특상초밥 1인분 포장이시죠?

여　네. 아, 그러고 보니 이 쿠폰 쓸 수 있나요? 3인분 주문 시에는 1인분이 반값이 되는 거죠?

남　네, 사용하실 수 있어요. 그럼, 특상초밥 쪽을 반값으로 할게요. 그렇게 하면 상초밥 1200엔이 2인분으로 2400엔, 특상초밥 1800엔이 쿠폰사용으로 절반 가격인 900엔이 되어, 합계 3300엔이 되네요.

여　네? 3300엔이에요? 포장인 경우에는 250엔 할인이 된다고 듣고 왔는데요.

남　아, 죄송해요. 포장할인도 적용됩니다. 대단히 죄송합니다.

여　괜찮아요.

女の人はいくら払うことになりますか。

1　2100円
2　3050円
3　3300円
4　3550円

여자는 얼마 지불하게 됩니까?

1　2100엔
2　3050엔
3　3300엔
4　3550엔

問題2

1番

男の学生と女の学生が話しています。女の学生はどうして大きな鞄を持ってきましたか。

男　さやか、どうしたんだよ。そんな大きな鞄、大学にまで持ってきて。家出でもしたのか？

女　やだ、勘違いしないでよ。そんなことするわけないじゃん。全部着なくなった服だし。私、来月留学に行くから、荷物の整理してるところなんだ。

男　そうなんだ。それにしてもなんで？着ないなら捨てたらいいじゃん。

女　ボランティアサークルの友達が着なくなった服を発展途上国に送る活動をしてて、私も協力しようと思って。捨てるよりも意味があるでしょう？

男　そうだな。でも、それ持って授業の度に移動するの大変じゃない？ボランティアサークルの部屋に置いて来たらよかったのに。

女　それはそうなんだけど。私、1限から遅刻しそうになっちゃってさ。昨日、荷物整理してたら、寝るのおそくなっちゃって。

男　それで、寝坊したってわけか。

女　だから、この後そのボランティアサークルの友達に会って預けるつもりなんだ。悠馬も一緒に来る？

男　いや、俺はいいよ。授業終わったら、彼女とデートなんだ。買い物に付き合う約束しちゃってさ。

女の学生はどうして大きな鞄を持ってきましたか。
1　家出をしたから
2　荷物の整理に使うから
3　後で買い物に行くから
4　授業に遅刻しそうになったから

문제2

1번

남학생과 여학생이 이야기하고 있습니다. 여학생은 어째서 큰 가방을 들고 왔습니까?

남　사야카, 어떻게 된 거야. 그렇게 큰 가방을 학교까지 들고 오고. 가출이라도 한 거야?

여　뭐야, 착각하지마. 그럴 리 없잖아. 전부 안 입게 된 옷이고. 나 다음달에 유학가니까 짐 정리를 하고 있는 중이거든.

남　그렇구나. 그렇다고는 해도 왜? 안 입으면 버리면 되잖아?

여　자원봉사 동아리 친구가 안 입게 된 옷을 개발도상국에 보내는 활동을 하고 있어서, 나도 협력해볼까 하고. 버리는 것보다 의미 있잖아.

남　그렇지. 그런데 그거 들고 수업마다 이동하는 거 힘들지 않아? 자원봉사 동아리방에 두고 왔으면 좋았을걸.

여　그건 그런데. 나 1교시부터 지각할 뻔 했거든. 어제 짐 정리하다 보니 자는 게 늦어져서.

남　그래서 늦잠 잤구나.

여　그래서 이따가 그 자원봉사 동아리 친구를 만나서 맡길 생각이야. 유마도 같이 올래?

남　아니, 난 됐어. 수업 끝나면 여자친구랑 데이트거든. 쇼핑 같이 가기로 약속해서.

여학생은 어째서 큰 가방을 들고 왔습니까?
1　가출했기 때문에
2　짐 정리에 사용하기 때문에
3　나중에 쇼핑하러 가기 때문에
4　수업에 지각할 뻔했기 때문에

鞄 가방 | 家出 가출 | 勘違い 착각 | ～わけ(が)ない ～할 리(가) 없다 | 荷物 짐 | 整理 정리 | ～ているところだ ～하고 있는 중이다 | それにしても 그렇다 치더라도 | ボランティアサークル 자원봉사 동아리 | 発展途上国 개발도상국 | 協力 협력 | ～の度に ～때마다 | 1限 1교시 | 遅刻 지각 | 寝坊する 늦잠자다 | ～わけだ ～한 셈이다, ～한 이유다 | 預ける 맡기다 | 付き合う 동행하다, 사귀다

2番

夫婦が話しています。女の人は小学生の時、どうして水泳の授業が好きじゃなかったと言っていますか。

女　そろそろ、愛子のスクール水着を買わなきゃ。最近はこんなのも出てるのね。

男　なになに？　もうプール開きの季節か。僕が小学生の頃は毎年、夏の体育の授業が楽しみで仕方なかったよ。授業というより遊びって感じで、水泳の授業受けてたな。

女　私は気が重くて、楽しみなんかじゃなかったわよ。

男　ああ、さては、泳げなかったんだな？　分かるよ。50メートル泳げなかったら、夏休みも補習で学校行かないといけないもんな。

女　いえ、私は1回も補習受けたことないわよ。

男　な～んだ。泳げるんじゃん。なのに、なんで？

女　私たちの頃のスクール水着を思い出してみて。あの頃はなんで、あんなに足を出さなきゃいけなかったんだろうね。私、太ももにやけどの痕があるでしょ？　男子はズボンだったからすごくうらやましかったのを覚えてるわ。

男　確かにね。男子はズボンだったけど、女子はそうじゃなかったもんね。

女　でも最近のスクール水着は体型も隠せるようになってるんですって。しかも日焼け防止にもなってて。学校のプールって日焼け止め塗るの禁止だから、これいいわよね。愛子にも買ってあげなきゃ。

女の人は小学生の時、どうして水泳の授業が好きじゃなかったと言っていますか。

1　水着で体型が分かるから
2　泳ぎが得意じゃないから
3　日焼けするから
4　露出が多いから

2번

부부가 이야기하고 있습니다. 여자는 초등학생 때, 어째서 수영 수업을 싫어했다고 말하고 있습니까?

여　슬슬 아이코 학교 수영복 사야 하는데. 요즘에는 이런 것도 나오네.

남　어떤 거? 벌써 수영장 개장할 계절인가? 내가 초등학생 때는 매년 여름 체육수업이 기대되서 어쩔 줄을 몰랐는데. 수업이라기보다 놀이라는 느낌으로 수영수업을 받았지.

여　난 마음이 무거워서 기대 같은 거 안 했어.

남　아～ 그러고 보니 수영 못했구나? 이해해. 50미터 수영 못하면 여름방학에도 보충수업 들으러 학교에 가야 했으니까.

여　아니, 난 한 번도 보충수업 들은 적 없어.

남　뭐야～ 수영할 수 있네. 그런데 왜?

여　우리 때의 학교 수영복을 생각해 봐. 그때는 왜 그렇게 다리를 내놔야했던 걸까? 나 허벅지에 화상자국 있잖아? 남자는 바지여서 엄청 부러워했던 게 기억나.

남　확실히 그래. 남자는 바지였지만 여자는 그렇지 않았으니까.

여　그런데 요즘 학교 수영복은 체형도 감출 수 있게 되어 있대. 게다가 자외선 방지도 되고. 학교 수영장은 선크림 바르는 거 금지니까 이거 좋은 것 같아. 아이코에게도 사줘야겠어.

여자는 초등학생 때, 어째서 수영 수업을 싫어했다고 말하고 있습니까?

1　수영복으로 체형을 알 수 있기 때문에
2　수영을 잘 못하기 때문에
3　피부가 타기 때문에
4　노출이 많기 때문에

水泳 수영 | 水着 수영복 | プール開き 수영장 개장 | 季節 계절 | 体育 체육 | 楽しみ 즐거움, 기대 | ～て仕方ない ～해서 어쩔 줄 모르다 | 感じ 느낌 | 授業を受ける 수업을 받다 | 気が重い 마음이 무겁다 | さては 그러고 보니, 그렇다면 | 補習 보충수업 | 太もも 허벅지 | やけど 화상 | 痕 자국 | ズボン 바지 | うらやましい 부럽다 | 体型 체형 | 隠す 감추다 | しかも 게다가 | 日焼け 피부가 햇볕에 탐 | 防止 방지 | 日焼け止め 선크림 | 塗る 바르다, 칠하다 | 禁止 금지 | 露出 노출

大学で男の学生と女の学生が話しています。女の学生はどうしてサークルを辞めたいと思っていますか。

男 どうしたの？ そんな深刻そうな顔して。何かあった？

女 実は…、私、サークル辞めたいなって思ってるの。

男 へえ〜。テニスサークルだったっけ？

女 うん、そうなんだけど…。テニスサークルっていうのは名前だけで、テニスはあまりしてないんだけどね。

男 え、どういうこと？

女 私はテニスがしたくてこのサークルに入ったのに、何かにつけて飲み会に呼ばれて…。テニスよりお酒を飲むことの方が多くて…。

男 あ〜、そういうサークルあるよね。ちゃんと見定めて入らなきゃ。

女 うん、そうだよね。私、高校の時はテニス部で練習も毎日厳しくてつらかったけど、テニスが楽しかったから、乗り越えられたんだと思う。でも今は、そのテニスすらできなくて。

男 サークルの雰囲気が良くないんだね。お酒の席には必ず出席しなきゃいけないの？ 上下関係厳しい感じ？

女 ううん。そんなこともないと思うけど。空気読まないといけないし、人間関係も大切でしょ？ だから、一応出席してるんだ。

男 そっかあ。なんかそんなサークル入ってても楽しくないし、疲れるだけだよ。もっといいサークルあると思うよ。僕なんかマリンスポーツサークル入ったんだけど、先輩たちもいい人だし、普段できないマイナーなスポーツとかもできるからいい経験になるよ。今度、見学においでよ。

女 ありがとう。ぜひ、行かせて。

대학에서 남학생과 여학생이 이야기하고 있습니다. 여학생은 어째서 동아리를 그만두고 싶다고 생각하고 있습니까?

남 왜 그래? 그렇게 심각한 얼굴을 하고. 무슨 일 있었어?

여 사실은…, 나, 동아리 그만둘까 해.

남 에~. 테니스 동아리였나?

여 응, 그렇긴 한데…. 테니스 동아리라는 것은 이름뿐이고, 테니스는 그다지 치지 않지만.

남 어? 무슨 말이야?

여 나는 테니스가 치고 싶어서 이 동아리에 들어왔는데, 걸핏하면 회식에 불려나가. 테니스보다 술 마시는 쪽이 더 많아.

남 아~ 그런 동아리가 있지. 제대로 보고 정해서 들어가야 해.

여 응. 맞아. 나 고등학교 때는 테니스부에서 연습도 매일 혹독해서 괴로웠지만, 테니스가 즐거워서 극복할 수 있었다고 생각해. 그렇지만 지금은 그 테니스조차 못해.

남 동아리 분위기가 좋지 않구나. 술 자리에는 반드시 참석해야 해? 상하관계가 엄한 느낌이야?

여 아니~ 그런 것은 아니지만. 분위기 파악도 해야 하고, 인간관계도 중요하잖아? 그래서 일단 참석은 하고 있어.

남 그렇구나. 뭔가 그런 동아리에 들어가도 즐겁지 않고 피곤할 뿐이야. 좀 더 좋은 동아리가 있을 거야. 난 마린스포츠 동아리에 들어갔는데 선배들도 좋고 평소에 못 하는 비주류 스포츠도 할 수 있어서 좋은 경험이 되는 것 같아. 다음에 견학하러 와.

여 고마워. 꼭, 갈게.

女の学生はどうしてサークルを辞めたいと思っていますか。

1 上下関係が厳しいから
2 練習が厳しいから
3 楽しくないから
4 他に入りたいサークルができたから

여학생은 어째서 동아리를 그만두고 싶다고 생각하고 있습니까?

1 상하관계가 엄하기 때문에
2 연습이 혹독하기 때문에
3 즐겁지 않기 때문에
4 따로 들어가고 싶은 동아리가 생겼기 때문에

辞める 그만두다 ｜ 深刻 심각함 ｜ 何かにつけて 걸핏하면 ｜ 飲み会 회식 ｜ 見定める 보고 정하다 ｜ 厳しい 엄격하다 ｜ 乗り越える 극복하다 ｜ 〜すら 〜조차 ｜ 雰囲気 분위기 ｜ 上下関係 상하관계 ｜ 空気を読まない 분위기 파악을 못하다 ｜ 人間関係 인간관계 ｜ 一応 일단, 우선 ｜ 普段 평소 ｜ マイナー 소수파 ｜ 見学 견학 ｜ おいで 와라 ｜ 他に 따로, 달리

4番

駅のホームでアナウンスが流れています。列車が遅れる理由は何ですか。

女　列車の遅れをお知らせ致します。14時46分発、特急列車舞浜行きは60分以上遅れて運転しております。また台風22号による停電の影響で全線で1時間以上の遅れと一部列車に運休が出ております。列車の到着が遅れますことをお詫び申し上げます。お急ぎのところ、ご迷惑をおかけしますが、もうしばらくお待ちください。

4번

역 플랫폼에서 안내방송이 나오고 있습니다. 열차가 늦는 이유는 무엇입니까?

여　열차 지연을 알려드립니다. 14시 46분 출발, 특급열차 마이하마행은 60분 이상 늦게 운전하고 있습니다. 또한 태풍 22호로 인한 정전의 영향으로 모든 선에서 1시간 이상의 지연과 일부 열차는 운행중단을 하고 있습니다. 열차 도착이 늦어지는 점 사과 말씀드립니다. 바쁘신데 폐를 끼칩니다만, 좀더 기다려 주세요.

列車が遅れる理由は何ですか。

1 人身事故があったから
2 接触事故があったから
3 車両が故障したから
4 自然災害が起きたから

열차가 늦는 이유는 무엇입니까?

1 인명사고가 있었기 때문에
2 접촉사고가 있었기 때문에
3 차량이 고장 났기 때문에
4 자연재해가 있어났기 때문에

アナウンス 안내방송 ｜ 流れる 흐르다 ｜ 列車 열차 ｜ お知らせ 알림, 공지 ｜ 特急 특급 ｜ 遅れる 늦어지다, 지연되다 ｜ 運転 운전 ｜ 台風 태풍 ｜ 〜による 〜로 인한 ｜ 停電 정전 ｜ 影響 영향 ｜ 全線 모든 노선 ｜ 運休 운행 중지 ｜ お詫び 사과, 사죄 ｜ 申し上げる 말씀드리다 ｜ お急ぎのところ 바쁘신 와중에 ｜ 迷惑をかける 민폐를 끼치다 ｜ しばらく 잠시, 한동안 ｜ 人身事故 인명사고 ｜ 接触 접촉 ｜ 車両 차량 ｜ 故障 고장 ｜ 自然災害 자연재해

5番

男の人と女の人が話しています。男の人はどうして風邪をひきましたか。

男　最近、風邪が流行ってるみたいだね。隣の席の山田さんも妹さんに移されたって言ってたよ。

女　へえ～。そういう木村君も顔色悪いけど。大丈夫?

男　うん、なんかちょっと寒いかも。のども痛いし。

女　風邪、誰かに移されたんじゃない? もしかして山田さん?

男　確かに隣の席だけど、山田さんは今日風邪をひいたって聞いたから違うと思う。

女　そう? あ、じゃあ、昨日の雨でじゃない?傘ないって言ってたもんね。

男　実は昨日、先生に借りたんだ。じゃなかったらびしょ濡れで帰るところだったよ。先生のおかげで濡れずに済んだよ。でも昨日蒸し暑かったじゃん? それで風邪ひいたんだと思う。

女　え、どういうこと?

男　昨日、雨が降って蒸し暑いから窓も開けられないしクーラーつけてたんだけど、そのまま寝ちゃって…。それでだと思う。

女　あ～、そうかもね。気を付けないと。

男の人はどうして風邪をひきましたか。

1　妹に移されたから
2　山田さんに移されたから
3　クーラーをつけっぱなしで寝たから
4　雨に降られて濡れたから

5번

남자와 여자가 이야기하고 있습니다. 남자는 어째서 감기에 걸렸습니까?

남　요즘 감기가 유행인 것 같아. 옆 자리의 야마다 씨도 여동생한테 옮았다고 했어.

여　아~. 그런 기무라군도 안색이 안 좋은데. 괜찮아?

남　응, 왠지 좀 추운 것 같기도 해. 목도 아프고.

여　감기, 누군가한테 옮은 거 아니야? 혹시 야마다 씨?

남　분명 옆 자리이지만 야마다 씨는 오늘 감기에 걸렸다고 들었으니 아닐 거야.

여　그래? 아, 그럼, 어제 내린 비 때문 아니야? 우산 없다고 했잖아.

남　실은 어제 선생님한테 빌렸어. 안 그랬으면 흠뻑 젖어서 돌아갈 뻔했어. 선생님 덕분에 안 젖고 끝났지. 그런데 어제 푹푹 쪘잖아? 그래서 감기 걸린 것 같아.

여　어? 무슨 말이야?

남　어제 비 와서 후덥지근하니까 창문도 못 열고 해서 에어컨을 켰는데, 그대로 잠들어 버렸거든. 그 때문인 것 같아.

여　아~ 그럴지도. 조심해야지.

남자는 어째서 감기에 걸렸습니까?

1　여동생한테 옮아서
2　야마다 씨한테 옮아서
3　에어컨을 켠 채로 자서
4　비를 맞고 젖어서

流行る 유행하다 | 移す 옮기다 | 顔色 안색 | のど 목 | もしかして 혹시 | びしょ濡れ 흠뻑 젖음 | ～ところだ ～할 뻔하다, ～할 참이다 | ～ずに済む ～하지 않고 끝나다 | 蒸し暑い 푹푹 찌다 | そのまま 그대로 | クーラーをつける 에어컨을 켜다 | ～っぱなし ～한 채 | 雨に降られる 비를 맞다

6番

男の人と女の人が話しています。女の人はなぜ髪を切りましたか。

男　わあ、ショートカットにしたんだあ。ずっとロングだったから見慣れないなあ。

女　似合ってるでしょ？

男　でも、なんで急にショートカットにしようと思ったの？ 失恋でもした？

女　失恋だなんて。私、好きな人もいないのに…。

男　じゃ、ロングヘアに飽きてきたとか？

女　ロングは手入れが面倒だけど、いろんな髪形にアレンジができるから、飽きるってことはなかったかな。

男　そうなんだあ。あ、そういえば、その髪形、モデルのエレナに似てる気がするんだけど。

女　分かる？ 実は、エレナの髪形見て、一目ぼれしたんだよね。美容師さんにも似合うからって勧められて、この髪形にしてもらったんだ。

男　いいじゃん。僕もそろそろ暑くなってきたし、この髪形にも飽きてきたから美容室に行ってこようかな。

女の人はなぜ髪を切りましたか。

1　ロングヘアに飽きてきたから
2　好きな人に振られたから
3　ロングヘアが暑いから
4　芸能人のヘアスタイルが気に入ったから

6번

남자와 여자가 이야기하고 있습니다. 여자는 어째서 머리를 잘랐습니까?

남　와~ 쇼트 컷으로 했네. 쭉 긴 머리였어서 낯설다.

여　어울리지?

남　근데, 왜 갑자기 쇼트 컷으로 하려고 생각했어? 실연이라도 했어?

여　실연이라니. 나, 좋아하는 사람도 없는데.

남　그럼 긴 머리가 질렸다든가?

여　긴 머리는 손질이 귀찮기는 해도 여러 헤어스타일로 변형할 수 있으니까 질릴 건 없었지.

남　그렇구나. 아, 그러고 보니 그 헤어스타일, 모델인 엘레나와 닮은 것 같은 느낌이 드는데.

여　알아보겠어? 사실은 엘레나의 헤어스타일을 보고 한 눈에 반했거든. 미용사한테도 어울리겠다고 추천 받아서 이 스타일로 한 거야.

남　괜찮네. 나도 슬슬 더워지기도 했고, 이 헤어스타일도 질렸으니 미용실에 갔다 올까.

여자는 어째서 머리를 잘랐습니까?

1　긴 머리에 질렸기 때문에
2　좋아하는 사람한테 차였기 때문에
3　긴 머리가 덥기 때문에
4　연예인의 헤어스타일이 마음에 들었기 때문에

髪を切る 머리를 자르다 | ロング 긴 머리 | 見慣れる 익숙하다 | 似合う 어울리다 | 失恋 실연 | ～なんて ～라니 | 飽きる 질리다 | 手入れ 손질 | 面倒だ 귀찮다 | 髪形 헤어스타일 | アレンジ 배열, 정리, 편곡 | 気がする 느낌(생각)이 들다 | 一目ぼれ 첫눈에 반함 | 勧める 추천하다 | 振られる 차이다 | 芸能人 연예인 | 気に入る 마음에 들다

問題3

1番

留守番電話のメッセージを聞いています。

男　もしもし。未来自動車の高橋と申します。先日は当店にご来店いただきまして誠にありがとうございました。本日はご成約いただいておりましたお車の納車の日ですのでご連絡いたしました。先日のお話しではご来店いただくことになっておりましたが、ご自宅にての納車をご希望の場合は、折り返しご連絡ください。なお、本日の営業時間は午後8時までとなっております。本日中のご来店がお難しい場合にも高橋までご連絡いただきますようよろしくお願いいたします。では、失礼いたします。

何についてのメッセージですか。

1 注文していた新車が店に届かないこと
2 注文していた新車を家に届けたこと
3 注文した新車をとりにきてほしいこと
4 注文した新車の配達時間を知らせてほしいこと

1번

부재중 전화 메시지를 듣고 있습니다.

남　여보세요. 미라이자동차의 다카하시라고 합니다. 일전에는 저희 지점에 내점해주셔서 진심으로 감사드립니다. 오늘은 계약해 주신 차의 납품일이라 연락 드렸습니다. 일전에 하신 말씀으로는 내점해 주신다고 하셨는데, 자택으로 보내드릴 것을 희망하시는 경우에는 바로 연락 주시기 바랍니다. 또한 오늘 영업시간은 오후 8시까지입니다. 오늘 중에 내점이 어려우실 경우에도 다카하시에게 연락해주시길 바랍니다. 그럼, 실례하겠습니다.

무엇에 대한 메시지입니까?

1 주문한 신차가 가게에 오지 않았다는 내용
2 주문한 신차를 집으로 배달했다는 내용
3 주문한 신차를 가지러 오길 바란다는 내용
4 주문한 신차의 배달시간을 알려달라는 내용

先日 며칠 전	当店 당점, 우리 가게	来店 내점
誠に 진심으로	成約 계약이 성립됨	納車の日 자동차·자전거를 구매자에게 납품하는 날
自宅 자택	～にて ～에서	折り返し 받은 즉시 곧, 즉각
本日 오늘	営業時間 영업시간	新車 신차, 새차
届く 닿다, 도착하다	届ける 배송하다	配達 배달
知らせる 알리다	～てほしい ～하길 바란다	

2番

テレビで女の人が話しています。

女　今日は油についてのお話しです。油は健康やダイエットの敵と思われがちですが、一概にそうとは言えません。油はどんな料理でも使用されますよね。炒め物、揚げ物、さらにはサラダのドレッシングにも使われます。でも油は太りやすいからと控えてはいませんか。実は油は種類によって健康維持に役立つという研究結果が出ているんです。油にはバターや肉などに含まれる動物性の油と植物性の油があり、オメガ9などと呼ばれる良質な油もあります。これは、加熱しても酸化しにくい

2번

텔레비전에서 여자가 이야기하고 있습니다.

여　오늘은 기름에 대한 이야기입니다. 기름은 건강과 다이어트의 적이라고 생각되기 십상이지만, 무조건 그렇다고는 할 수 없습니다. 기름은 어떤 요리에서도 사용되죠. 볶음 요리, 튀김, 게다가 샐러드의 드레싱으로도 사용됩니다. 하지만 기름은 살찌기 쉽다고 해서 멀리하고 있지는 않나요? 사실 기름은 종류에 따라서 건강유지에 도움이 된다는 연구결과가 나와 있습니다. 기름에는 버터나 고기 등에 포함된 동물성기름과 식물성기름이 있으며, 오메가9 등으로 불리는 양질의 기름도 있습니다. 이것은 가열해도 산화되기 어려운 기름을 가리키며, 예를 들면 들기름이나 생선 기름, 올리브 오일 등이죠. 또한 하루

油のことを指していて、例えば、エゴマ油や魚の脂、オリーブオイルなどですね。また、一日にスプーン一杯ほどの油を摂取することが理想的とも言われています。人は油を抜くと髪が抜けたり、肌が乾燥したり、体に悪影響を及ぼします。そうならないためにも積極的に良い油を摂取しましょう。

에 한 스푼 정도의 기름을 섭취하는 것이 이상적이라고도 합니다. 사람은 기름을 빼면 머리가 빠지거나 피부가 건조하거나 해서 몸에 악영향을 미칩니다. 그렇게 되지 않기 위해서도 적극적으로 좋은 기름을 섭취합시다.

女の人は何について話していますか。

1 油の重要性
2 油を使わない料理
3 油の健康被害
4 油を使ったレシピ

여자는 무엇에 대해서 이야기하고 있습니까?

1 기름의 중요성
2 기름을 사용하지 않는 요리
3 기름의 건강 피해
4 기름을 사용한 레시피

油 기름 | 健康 건강 | 敵 적 | ~がちだ ~하기 십상이다 | 一概に 일률적으로, 무조건 | 炒め物 볶은 요리 | 揚げ物 튀김 | さらには 게다가 | 太る 살찌다 | ~やすい ~하기 쉽다 | 控える 삼가다, 멀리하다 | 種類 종류 | ~によって ~에 의해서 | 維持 유지 | 含まれる 포함되다 | 動物性 동물성 | 植物性 식물성 | 良質な 양질의 | 加熱 가열 | 酸化 산화 | ~にくい ~하기 힘들다, ~하기 어렵다 | 指す 가리키다 | エゴマ油 들기름 | 魚の脂 생선 기름 | 摂取 섭취 | 理想的 이상적 | 抜く 빼다 | 抜ける 빠지다 | 肌 피부 | 乾燥 건조 | 悪影響 악영향 | 及ぼす 미치다, 끼치다 | 積極的 적극적 | 被害 피해

3番

大学で授業の最後に先生が話しています。

男　今日で1学期の授業は終わりですが、最初の授業でも案内した通り、この授業はレポートが30パーセント、テストが70パーセントで成績をつけます。来週のテストはノートやプリントの持ち込み可能なテストです。暗記ではないですが、皆さんの考えや意見を書いてもらうことになるので、しっかり、今までの授業内容を復習しておいてください。そして、レポートですが、締め切りは2週間後の8月20日までとします。提出期限厳守でお願いします。レポートは学科事務室に提出してください。個人的に私のところに持ってきても一切受け取りませんので気をつけてください。3000字以上、5000字未満ですから、そんなに難しくないと思います。では、皆さんのレポート楽しみにしています。

3번

대학에서 수업 맨 마지막에 선생님이 이야기하고 있습니다.

남　오늘로 1학기 수업이 끝나지만, 맨 처음 수업에서도 안내한 대로 이 수업은 리포트가 30%, 시험이 70%로 성적을 매깁니다. 다음 주 시험은 노트나 프린트를 가져와도 되는 시험입니다. 암기는 아니지만 여러분들의 생각이나 의견을 쓰는 것이기 때문에, 제대로 지금까지의 수업내용을 복습해 두세요. 그리고 리포트는요, 마감은 2주 후 8월 20일까지로 하겠습니다. 제출기한을 엄수해 주길 부탁합니다. 리포트는 학과사무실에 제출해 주세요. 개인적으로 제가 있는 곳으로 가지고 와도 일절 받지 않을 거니까 주의하세요. 3000자 이상, 5000자 미만이니 그렇게 어렵지 않을 겁니다. 그럼 여러분들의 리포트 기대하고 있겠습니다.

何について話していますか。

1 成績評価の仕方

2 レポートのテーマ

3 レポートの書き方

4 テストの出題範囲

무엇에 대해서 이야기하고 있습니까?

1 성적평가의 방법

2 리포트의 테마

3 리포트의 쓰는 방법

4 시험의 출제 범위

最後 마지막	最初 최초, 처음	案内 안내	~通り ~대로	成績をつける 성적을 매기다	持ち込み 반입, 가지고 옴	暗記 암기
復習 복습	締め切り 마감	提出 제출	期限 기한	厳守 엄수	一切 일절	受け取る 받다, 수취하다	未満 미만	評価 평가
仕方 방법	出題 출제	範囲 범위

4番

テレビでアナウンサーが話しています。

男 先月、五日に当番組で、詐欺事件を特集した際、犯罪組織についての画像が間違っておりました。ここで訂正とお詫びを申し上げます。番組内で犯罪組織が潜伏しているであろう事務所の映像が流れましたが、再度確認したところ、そういった事実はなく、組織とは全く関係のない個人が所有するオフィス兼住居施設でした。関係者の皆様、並びに視聴者の皆さまには謹んでお詫び申し上げます。

アナウンサーは何について謝っていますか。

1 犯人の顔写真が間違っていたこと

2 被害に遭った人の映像を流したこと

3 事件と関係のない場所を映したこと

4 詐欺師の個人情報を流したこと

4번

텔레비전에서 아나운서가 이야기하고 있습니다.

남 지난 달 5일 저희 프로그램에서 사기사건을 특집했을 때 범죄조직에 대한 영상이 잘못되었습니다. 여기서 정정한다는 것과 사과 말씀 드립니다. 프로그램 내에서, 범죄조직이 잠복하고 있을 거라는 사무소의 영상이 나갔습니다만 다시 확인한 결과, 그러한 사실은 없고 조직과는 전혀 관계없는 개인이 소유한 사무실 겸 주거시설이었습니다. 관계자 여러분 및 시청자 여러분들에게 삼가 사과 말씀 드립니다.

아나운서는 무엇에 대해서 사과하고 있습니까?

1 범인의 얼굴 사진이 잘못된 점

2 피해를 입은 사람의 영상을 내보낸 점

3 사건과 관계없는 장소를 비춘 점

4 사기꾼의 개인정보를 내보낸 점

番組 프로그램	詐欺 사기	事件 사건	特集 특집	~際 ~때	犯罪 범죄	組織 조직	~についての ~에 대한	画像 화상
間違う 잘못되다, 틀리다	訂正 정정	お詫び 사과, 사죄	申し上げる 말씀 드리다	潜伏 잠복	~であろう ~겠지, ~일 것이다
映像が流れる 영상이 나가다	~たところ ~했더니, ~한 결과	全く 전혀	個人 개인	所有する 소유하다, 가지다	オフィス 사무실
~兼 ~겸	住居 주거	施設 시설	並びに 및	視聴者 시청자	謹んで 삼가	謝る 사과하다	犯人 범인	顔写真 얼굴 사진
被害に遭う 피해를 당하다	映像を流す 영상을 내보내다	映す 비추다	詐欺師 사기꾼

5番

ニュースでアナウンサーが話しています。

女　今日午後２時45分ごろ、私立南ヶ丘中学校で、生徒が熱中症のような症状を訴えていると119番通報がありました。駆けつけた消防などによりますと、体育祭の練習をしていた時に18人が熱中症のような症状を訴えたそうです。このうち５人が病院に搬送されましたがいずれも意識はあり、症状は軽いということです。消防はこまめな水分補給や熱中症対策を万全にしてほしいと呼びかけています。

アナウンサーは何について話していますか。
1　少年犯罪の防止策について
2　体育祭のトラブルについて
3　熱中症の注意喚起について
4　消防署の避難訓練について

生徒 학생(주로 중·고등학생) | 熱中症 열사병 | 症状 증상 | 訴える 호소하다 | 通報 통보, 신고 | 駆けつける 급히 뛰어오다 | 消防 소방, 소방대원 | ～によると ～에 의하면 | 体育祭 체육대회 | 練習 연습 | 搬送 수송, 이송 | いずれも 모두 | ～ということだ ～라는 내용이다, ～라고 한다 | こまめな 바지런한, 성실한 | 水分 수분 | 補給 보급, 보충 | 対策 대책 | 万全にする 만전을 기하다 | ～てほしい ～하길 바란다 | 呼びかける 호소하다 | 犯罪 범죄 | 防止策 방지책 | 喚起 환기 | 避難 피난 | 訓練 훈련

問題4

1番

男　このワイン、高いだけのことはあるなあ。
女　1　ほんと、高いだけね。
　　2　そうね。とても美味しいね。
　　3　高すぎよ。次からは安い物にしましょう。

～だけのことがある ～할 만한 가치가 있다 | 美味しい 맛있다

2番

女　今日の田中先輩、様子がおかしいですよね。いつもの優しい先輩らしくないですね。
男　1　本当に優しいですよね。
　　2　なんか嫌なことでもあったんですかね。
　　3　僕も田中先輩みたいになりたいです。

様子 모습, 상태, 낌새, 기미 | おかしい 이상하다 | ～らしい ～답다 | 嫌だ 싫다 | ～みたいに ～처럼

3番

女　私が差し上げた薬はもう飲みましたか？ あの薬、よく効くんですよ。

男　1　はい、今から買いに行こうと思ってるところです。
　　2　はい、もう少し我慢してみようと思います。
　　3　はい、さっきまで痛かったのが信じられません。

3번

여　제가 드린 약은 이미 드셨나요? 그 약 잘 들어요.

남　1　네, 지금부터 사러 나가려던 참이에요.
　　2　네, 좀 더 참아 볼까 해요.
　　3　네, 방금 전까지 아팠던 것이 믿어지지 않네요.

差し上げる 드리다 | 効く 효과가 있다 | ～ところだ ～할 참이다, ～할 뻔하다 | 我慢する 인내하다, 참다

4番

女　テレビつけっぱなしで寝ないでよ。

男　1　ごめん、うっかりしてたよ。
　　2　ぐっすり寝られて良かったね。
　　3　面白い番組ないかな？

4번

여　텔레비전 켜둔 채로 자지 마.

남　1　미안, 깜빡 했어.
　　2　푹 자서 다행이네.
　　3　재미있는 프로그램 없나?

～っぱなし ～한 채로 | うっかりする 깜빡하다 | ぐっすり 푹 | 番組 프로그램

5番

女　家に何もないから、お昼、インスタントのカレーでもいい？

男　1　うん、美味しかったよ。ありがとう。
　　2　うん、本場のインドカレー食べに行こうよ。
　　3　うん、じゃ、お願いします。

5번

여　집에 아무것도 없으니까, 점심은 인스턴트 카레라도 괜찮아?

남　1　응, 맛있었어. 고마워.
　　2　응, 본고장의 인도카레 먹으러 가자.
　　3　응, 그럼 부탁해요.

お昼 점심, 점심식사 | 本場 본고장

6番

男　走りすぎて、喉カラカラだよ。

女　1　だったら、薬あげようか？
　　2　水でも飲む？
　　3　喉痛いの？ マスクしたら？

6번

남　너무 뛰어서 목이 바싹바싹 마르네.

여　1　그럼 약 줄까?
　　2　물이라도 마실래?
　　3　목 아파? 마스크하는 게 어때?

～すぎる 너무 ～하다 | 喉 목(구멍) | カラカラ 목이 바싹 마른 모양

7番

女 面白いっていう評判だったから見に来たの
に…。あの映画には期待を裏切られましたね。

男 1 評判通りの面白い映画でしたね。
2 特にエンディングが良かったですね。
3 本当にがっかりですよ。

評判 평판 | 期待 기대 | 裏切る 배신하다 | ～通り ～대로 | 特に 특히 | がっかり 실망하는 모양

7번

여 재미있다는 평판이 자자해서 보러 왔는데…. 저 영
화는 기대를 저버렸네요.

남 1 평판대로 재미있는 영화였죠?
2 특히 엔딩이 좋았어요.
3 진짜 실망이에요.

8番

男 この前の件ですが、そちらのご都合に合わせ
ますよ。

女 1 では、来週の水曜日はいかがですか。
2 お腹の調子が悪いんだと思います。
3 それなら、仕方ないですね。

都合 사정, 형편 | 合わせる 맞추다 | 調子が悪い 상태가 좋지 않다 | 仕方ない 어쩔 수 없다

8번

남 일전의 일 말인데요, 그쪽 사정에 맞출게요.

여 1 그럼, 다음 주 수요일은 어떠세요?
2 배가 좀 아픈 것 같아요.
3 그렇다면 어쩔 수 없네요.

9番

男 割り込み乗車は危険です。

女 1 すいません。割ってしまいました。
2 すいません。これからは列に並びます。
3 すいません。これからは遅れないように
します。

割り込み 새치기 | 乗車 승차 | 危険 위험 | 割る 나누다, 깨다 | 列に並ぶ 줄을 서다 | 遅れる 늦다

9번

남 새치기 승차는 위험합니다.

여 1 죄송합니다. 깨 버렸어요.
2 죄송합니다. 앞으로는 줄 설게요.
3 죄송합니다. 앞으로는 늦지 않도록 하겠습니다.

10番

男 このシャツとズボンの組み合わせどうかな?

女 1 いいんじゃない? よく組み立てたね。
2 いいけど、赤色も取り入れたら?
3 いいと思うよ。打ち合わせした?

組み合わせ 조합 | 組み立てる 조립하다 | 取り入れる 도입하다, 받아들이다 | 打ち合わせ 협의, 미팅

10번

남 이 셔츠랑 바지 조합 어때?

여 1 괜찮은데? 잘 조립했네.
2 괜찮은데, 빨간색도 넣으면 어때?
3 괜찮은 것 같아. 미팅했어?

11番

女 悪いんだけど、電車賃、立て替えてくれない？

男 1 はい、おつり。

2 ダメ？ケチだなあ。

3 いいよ。でも後で返してね。

電車賃 전철 요금 ｜ 立て替える 대신 치르다 ｜ おつり 거스름돈 ｜ ケチ 인색함, 짠돌이 ｜ 返す 갚다

12番

女 この前、田中君がゴミ拾いしてたんだ。田中君のこと見直したよ。

男 1 そうだね。でも意外だね。

2 そうだね。例外もあったね。

3 そうだね。了解したよ。

ゴミ拾い 쓰레기 줍기 ｜ 見直す 다시 보다, 재고하다 ｜ 意外 의외 ｜ 例外 예외 ｜ 了解 이해, 양해

問題5

1番

男の人と整形外科の受付の人が電話で話しています。

女 はい、田辺整形外科です。どうしましたか。

男 昨日から腰が痛くて、立ったり、座ったりが辛いんです。重い荷物を持つ仕事をしたせいか、腰に力が入らなくて…。

女 でしたら、今からこちらにいらっしゃることはできますか。

男 ちょっと、それは…。午後6時は空いてないでしょうか。

女 夕方の診療は予約でいっぱいで…。今からか、もしくは午後でしたら2時頃なら空いてますが。

男 困ったなあ。仕事があって…。

女 まだ、痛みが我慢できるのであれば明日いらしてはいかがですか。明日でしたら午後6時に予約とれますけど。

男 そうですね。無理して今日行くより、明日の方がいいですかね。明日の予約でお願いします。

11번

여 미안한데, 전철비 대신 내주지 않을래?

남 1 자, 거스름돈.

2 안돼? 인색하기는.

3 그래. 근데 나중에 갚아.

12번

여 요전에 다나카군이 쓰레기를 줍고 있었어. 다나카군 다시 봤어.

남 1 맞아. 근데 의외다.

2 맞아. 예외도 있었네.

3 맞아. 이해했어.

문제5

1번

남자와 정형외과 접수 직원이 전화로 이야기하고 있습니다.

여 네, 다나베정형외과입니다. 무슨 일인가요?

남 어제부터 허리가 아파서 서거나 앉거나 하는 것이 힘드네요. 무거운 짐 드는 일을 한 탓인지 허리에 힘이 안 들어가서요.

여 그러시면, 지금 이쪽에 오실 수 있으세요?

남 그건 좀…. 오후 6시는 안 비어 있나요?

여 저녁 진료는 예약으로 꽉 차서…. 지금부터나 혹은 오후라면 2시쯤이면 비어 있는데요.

남 곤란한데. 일이 있어서요.

여 아직 통증을 참을 수 있으시다면 내일 오시는 건 어떠세요? 내일이라면 오후 6시에 예약이 가능합니다만.

남 그렇군요. 무리해서 오늘 가는 것보다 내일이 더 좋겠네요. 내일 예약으로 부탁드립니다.

여 알겠습니다. 그럼 성함 부탁드려요.

남 아, 잠깐만요. 죄송해요. 역시 너무 아파서 참을 수가 없어요. 오늘 오후 어떻게든 해 볼게요.

女　かしこまりました。ではお名前をお願いします。

男　あ、ちょっと…。すいません。やっぱり痛すぎて我慢できません。今日の午後、何とかしてみます。

男の人はいつ行きますか。

1 今すぐ
2 今日の午後2時
3 今日の午後6時
4 明日の午後6時

남자는 언제 갑니까?

1 지금 바로
2 오늘 오후 2시
3 오늘 오후 6시
4 내일 오후 6시

整形外科 정형외과	受付 접수	腰 허리	辛い 괴롭다	荷物 짐	~せいか ~탓인지	夕方 저녁	診療 진료	もしくは 혹은
痛み 통증	我慢 참음	いらす 오시다	かしこまる '알다'의 겸양어	~すぎる 너무 ~하다	何とか 어떻게든

2番

会社で男の人二人と女の人が話しています。

男1　木村先輩、目、悪かったですっけ？眼鏡かけてらっしゃるの初めて見ました。

男2　あ、この眼鏡、パソコン用の眼鏡なんだ。ブルーライトをカットしてくれるサングラスのような眼鏡でね。

女　私も聞いたことあります。モニターの見すぎで目が疲れた時にいいんですよね。

男1　へえ～、いいですね。僕も最近、モニターの見すぎで目が悪くなってきたみたいで…。

男2　そういえば、山田さんも最近、眼鏡かけ始めたよね。ファッションかなにか？

女　私は花粉症対策なんです。この時期になるといつも目がかゆくなるので。目が赤くはれちゃって、仕事どころじゃないんです。

男1　それで、眼鏡かけてたんですね。てっきり、目が悪いからなのだと思ってました。最近僕も目が充血して赤くなるんです。花粉症かもしれないですね。

男2　佐藤君、目が悪いんだったら、眼科に行って自分の視力を確かめてから、自分の視力に合う眼鏡を買ったらどうだい？

女　そうですよ。花粉症かもしれないなら、眼科で目薬もらってくるのもいいと思います。

2번

회사에서 남자 두 명과 여자가 이야기하고 있습니다.

남1　기무라 선배, 눈 나빴었나요? 안경 끼신 거 처음 봐요.

남2　아, 이 안경, 컴퓨터용 안경이야. 블루라이트를 차단해주는 선글라스 같은 안경이지.

여　저도 들은 적 있어요. 모니터를 오래 봐서 눈이 피곤할 때 좋은 거죠?

남1　아~ 좋네요. 저도 요즘 모니터를 너무 봐서 눈이 나빠진 것 같은데….

남2　그러고 보니 야마다 씨도 최근 안경을 끼기 시작했지? 패션 같은 거야?

여　저는 꽃가루 알레르기 대책이에요. 이 시기가 되면 늘 눈이 가려워서요. 눈이 빨갛게 부어 올라서 일할 상황이 아니거든요.

남1　그래서 안경 꼈군요. 분명 눈이 나빠서일 거라고 생각했어요. 요즘 저도 눈이 충혈되서 빨개져요. 꽃가루 알레르기일지도 모르겠네요.

남2　사토군, 눈 나쁘면 안과 가서 자기 시력을 체크하고 나서 자신의 시력에 맞는 안경을 사면 어때?

여　맞아요. 꽃가루 알레르기일지도 모른다면 안과에서 안약 받아오는 것도 좋을 것 같아요.

남1　그렇게 큰 일 아니에요. 진짜 눈이 나쁜지 어떤지는 확실치 않아요. 단지 눈이 자주 피곤하다는 것뿐이라…. 그러니 일단 저도 그 안경을 사볼까 해요.

男1 そんな大したことじゃないですよ。本当に目が悪いかどうかは確かじゃないんです。ただ、目が疲れやすいというだけで…。だから、とりあえず僕もあの眼鏡を買おうと思います。

男の人はどんな眼鏡を買うつもりですか。

1 ファッションのための眼鏡
2 花粉症のための眼鏡
3 パソコン用の眼鏡
4 自分の視力に合った眼鏡

眼鏡をかける 안경을 끼다｜～っけ ～였나?｜～何か ～나 뭔가｜花粉症 꽃가루 알레르기｜対策 대책｜時期 시기｜かゆい 간지럽다｜はれる 붓다｜～どころじゃない ～할 상황이 아니다｜てっきり 틀림없이｜充血 충혈｜眼科 안과｜視力 시력｜確かめる 확인하다｜目薬 안약｜大したこと 대단한 것｜とりあえず 우선, 먼저｜～のための ～을 위한

3番

夫婦がマッサージ店でコースの説明を聞いています。

女1 当店では多様なマッサージコースをご用意しております。一番人気は「フェイシャルマッサージコース」です。こちらは、顔を重点的にマッサージしていきます。フェイスラインも小さくなり、美肌効果もあります。次に人気なのが「肩こり改善コース」です。一日中同じ姿勢が多い方やストレスが溜まりやすい方にお勧めです。肩や腰が疲れやすい方にも人気があります。次に人気なのが「足つぼコース」です。少々痛みが伴いますが効果は絶大です。手足がむくみやすい方や立ち仕事の方、食欲がなかったり全身がだるくなりやすい方にお勧めです。また、特別な日のための「ブライダルコース」もございます。結婚式前や写真撮影の前など重要な行事を控えた方に人気のコースです。お値段は通常のコースよりも少々張りますが、顔だけでなく全身くまなくマッサージが受けられ、効果もすぐに実感できるはずです。

3번

부부가 마사지샵에서 코스 설명을 듣고 있습니다.

여1 저희 가게에서는 다양한 마사지 코스를 준비하고 있습니다. 가장 인기 있는 것은 '페이셜 마사지 코스'입니다. 이것은 얼굴을 중점적으로 마사지해 나갑니다. 얼굴 라인도 작아지고 피부가 좋아지는 효과도 있습니다. 다음으로 인기인 것은 '어깨뭉침개선 코스'입니다. 하루 종일 같은 자세가 많은 분들이나 스트레스가 쌓이기 쉬운 분들에게 추천해드립니다. 어깨나 허리가 자주 피곤한 분들에게도 인기가 있습니다. 다음으로 인기 있는 것은 '발지압 코스'입니다. 다소 통증이 따르지만 효과는 엄청 큽니다. 손발이 잘 붓는 분들이나 서서 일하시는 분, 식욕이 없거나 온몸이 나른해지기 쉬운 분들에게 추천 드립니다. 또, 특별한 날을 위한 '브라이덜 코스'도 있습니다. 결혼식 전이나 사진촬영 전 등 중요한 행사를 앞둔 분들에게 인기 있는 코스입니다. 가격은 통상코스보다는 다소 늘어나지만 얼굴뿐만 아니라 전신 빠짐없이 마사지를 받을 수 있어 효과도 바로 실감할 수 있을 것입니다.

男	このコースいいなあ。毎日ストレスだらけだし。
女2	それもいいけど、あなたの仕事はずっと立ちっぱなしの仕事だから、こっちの方がいいんじゃない？
男	確かにね。
女2	私もあなたと同じコースを受けようかしら。
男	君は痛みに弱いから、やめておいた方がいいよ。他のにしなよ。
女2	最近、顔もむくんで大きくなった気もするし。体もだるくて、やる気が出ないのよね。
男	だったら、いいのがあるじゃないか。一気に解決しちゃいなよ。
女2	そんなに贅沢しちゃってもいいのかしら。
男	こんな時しか贅沢できないんだから、しときなよ。
女2	じゃあ、お言葉に甘えて…。

남	이 코스 좋네. 매일 스트레스 투성인데.
여2	그것도 좋은데, 당신 일은 계속 서서 하는 일이니까 이쪽이 좋지 않아?
남	확실히.
여2	나도 당신이랑 같은 코스 받을까?
남	당신은 아픈 거 못 참으니까 안 하는 게 좋을 것 같아. 다른 것으로 해.
여2	요즘 얼굴도 부어서 커진 것 같은 기분도 들고. 몸도 나른하고 의욕이 없어.
남	그러면 좋은 게 있잖아. 한 번에 해결해버려.
여2	그렇게 사치부려도 되려나?
남	이럴 때 밖에 사치부리지 못하니까 해 둬.
여2	그럼, 그렇게 말한다면야….

質問1　男の人はどのマッサージを受けますか。

1 フェイシャルマッサージコース
2 肩こり改善コース
3 足つぼコース
4 ブライダルコース

질문1　남자는 어느 마사지를 받습니까?

1 페이셜 마사지 코스
2 어깨뭉침개선 코스
3 발지압 코스
4 브라이덜 코스

質問2　女の人はどのマッサージを受けますか。

1 フェイシャルマッサージコース
2 肩こり改善コース
3 足つぼコース
4 ブライダルコース

질문2　여자는 어느 마사지를 받습니까?

1 페이셜 마사지 코스
2 어깨뭉침개선 코스
3 발지압 코스
4 브라이덜 코스

当店 당점, 우리 가게	多様な 다양한	用意 준비	重点的 중점적	美肌 아름다운 피부	効果 효과	肩こり 어깨뭉침	改善 개선
一日中 하루 종일	姿勢 자세	溜まる 쌓이다	お勧め 추천	つぼ 혈, 급소	伴う 동반하다, 수반하다	絶大 아주 큼	手足 손발
むくむ 몸이 붓다	食欲 식욕	だるい 나른하다	撮影 촬영	行事 행사	控える 앞두다	値段 가격	通常 통상	少々 다소
張る 많아지다, 늘다	～だけでなく ～뿐만 아니라	全身 전신	くまなく 구석구석, 빠짐없이	実感 실감	～だらけ ～투성이
～っぱなし ～한 채로	やる気 의욕	一気に 한 번에	解決 해결	贅沢 사치	お言葉に甘えて 말씀을 고맙게 받아들여

問題1

1番

ふうふ はな
夫婦が話しています。女の人はこの後まず何をし
ますか。

男　見て、見て。これ、すごいだろう。今日は大
りょう たい
漁だよ。

女　また、釣りに行ってきたの？この前、釣って
まえ つ
きた魚もまだ、冷凍庫にあるって言うのに…。
れいとうこ い
た
食べきれないわ。

男　だったら、また冷凍したらいいだろう。
れいとう

女　冷凍庫に入りきらないわよ。
れいとうこ はい

男　だったら、お隣さんにおすそ分けしたらいい
となり わ
んじゃない？ほら、この前、みかんもらった
まえ
ところに。

女　そうね。それいい考えね。でも、お隣さん、
かんが となり
若い新婚夫婦だし、魚の調理法とか知ってる
わか しんこんふうふ さかな ちょうりほう し
かしら？そのままあげたら、逆に迷惑になる
ぎゃく めいわく
んじゃ…。

男　そうだな。じゃ、調理してから、持って行っ
ちょうり も い
てあげたら？

女　う〜ん。でも何がいいかしら？
なに

男　無難に焼き魚がいいんじゃない？嫌いな人な
ぶなん や ざかな きら ひと
んていないだろう。

女　うん。そうと決まったら、早速準備しなきゃ。
き さっそくじゅんび

おんな ひと あと なに
女の人はこの後まず何をしますか。
つ さかな れいとうしつ い
1 釣ってきた魚を冷凍室に入れる
れいとう さかな かいとう
2 冷凍した魚を解凍する
つ さかな や
3 釣ってきた魚を焼く
れいとう さかな きんじょ ひと
4 冷凍した魚を近所の人にあげる

문제1

1번

부부가 이야기하고 있습니다. 여자는 이후 우선 무엇을 합
니까?

남　이거 봐봐. 굉장하지? 오늘은 많이 잡았어.

여　또 낚시 갔다 온 거야? 요전에 잡아 온 생선도 아직
냉동실에 있는데. 다 못 먹어.

남　그럼 또 냉동하면 되지.

여　냉동실에 다 안 들어가.

남　그럼 옆집에 나눠주면 되잖아? 일전에 귤 받은 곳에.

여　그렇네. 그거 좋은 생각이다. 그렇지만 옆집, 젊은
신혼부부이고 생선 조리법 같은 거 알고 있으려나?
그대로 주면 오히려 민폐가 되지는 않을까.

남　그렇군. 그럼 조리해서 가져다 주면 어때?

여　흐음. 그렇지만 뭐가 좋을지.

남　무난하게 생선구이가 낫지 않아? 싫어하는 사람 없
을걸.

여　응. 그렇게 정했으니 바로 준비해야겠다.

여자는 이후 우선 무엇을 합니까?

1 잡아 온 생선을 냉동실에 넣는다
2 냉동시킨 생선을 해동한다
3 잡아 온 생선을 굽는다
4 냉동시킨 생선을 이웃집 사람에게 준다

たいりょう ちょうり
大漁 어획량이 많음 | 釣り 낚시 | 冷凍庫 냉동고 | 〜きれない 다 〜할 수 없다 | 〜きる 다 〜하다 | すそ分け 남에게 나눠줌 |
しんこん ちょうりほう ぎゃく めいわく ぶなん や ざかな さっそく じゅんび
新婚 신혼 | 調理法 조리법 | 逆に 오히려, 반대로 | 迷惑 민폐 | 無難に 무난하게 | 焼き魚 생선구이 | 早速 즉시, 바로 | 準備 준비 |
つ れいとうしつ かいとう や きんじょ
釣る 낚다, (낚시로) 잡다 | 冷凍室 냉동실 | 解凍 해동 | 焼く 굽다 | 近所 근처, 이웃집

2番

親子で話しています。男の子はこれから何をしますか。

男　お母さん、この前、破れた鞄、直してくれた？学校に持って行かなくちゃいけないんだけど…。

女　ああ、あれもう古いし汚いから、新しく作りなおすことにしたのよ。

男　え、どんなの？見せて〜。

女　まだ、完成してないわよ。あ、そうだ。健吾も手伝ってよ。

男　うん、いいよ。僕、車のデザインがいいな。

女　そこにある作り方の本、読んでくれる？

男　うん。え〜っと、まず、型紙通りに布を切って、ポケットから縫うって書いてあるよ。その次に、本体を縫い合わせて、持ち手を付けて完成だって。簡単だね？

女　健吾にはポケットを作ってもらおうかな。

男　うん、いいよ。

女　でも、その前に、健吾が好きそうな生地が家にないわね。お店に行って好きな生地、買いに行ってらっしゃい。

男　うん、分かったよ。

男の子はこれから何をしますか。

1 型紙通りに布を切る
2 ポケットを縫う
3 車の柄にデコレーションする
4 好きな布を買いに行く

2번

부모와 아이가 이야기하고 있습니다. 남자아이는 이제부터 무엇을 합니까?

남　엄마, 요전에 찢어진 가방 고쳤어? 학교에 가지고 가야 하는데….

여　아, 그거 이미 낡고 더러워서 새로 만들기로 했어.

남　어? 어떤 거? 보여줘~.

여　아직 완성 안 됐어. 아, 맞다. 겐고도 도와줘.

남　응. 좋아. 난 자동차 디자인이 좋은데.

여　거기에 있는 교본, 읽어 줄래?

남　응. 어~ 우선 패턴대로 천을 잘라서 주머니부터 꿰맨다고 써 있어. 그 다음에는 본체에 맞춰서 꿰매고 손잡이를 달면 완성이래. 간단하네?

여　겐고한테 주머니 만드는 거 부탁할까?

남　응, 좋아.

여　근데 그 전에 겐고가 좋아할 만한 천이 집에 없어. 가게에 가서 좋아하는 천, 사러 다녀와.

남　응. 알겠어.

남자아이는 이제부터 무엇을 합니까?

1 패턴대로 천을 자른다
2 주머니를 꿰맨다
3 자동차 무늬로 장식한다
4 좋아하는 천을 사러 간다

破れる 찢어지다 | 鞄 가방 | 直す 고치다 | 汚い 더럽다 | ～なおす 다시 ～하다 | 完成 완성 | 手伝う 도와주다 | 型紙 재단을 위해 본을 뜬 종이 | ～通り ～대로 | 布 천 | 縫う 꿰매다 | 本体 본체 | 縫い合わせる 꿰매 맞추다 | 持ち手 손잡이 | 生地 옷감, 천 | 柄 무늬 | デコレーション 장식

3番

男の人がスイミングスクールに電話しています。男の人はまず何をしなければいけませんか。

男　もしもし、そちらのスイミングスクールに通いたいと思っている者ですが。

女　はい、お電話ありがとうございます。では以前にもスイミングスクールのレッスンを受講されたことはございますか。

男　はい。そちらのスクールではないですが、高校の時に3年間くらい習ったことがあります。

女　さようでございますか。では経験者でいらっしゃいますね。水泳経験者の方にはクラス分けテストがございます。ご都合のよろしい時に当スクールに来ていただいて、コーチからテストを受けていただきますが、よろしいですか。

男　はい。じゃあ、今から行っても大丈夫ですか。

女　はい、今からでも問題ございませんが、水着の準備などは大丈夫ですか。一応、こちらでも貸出用の水着をご用意しておりますが…。

男　じゃ、そちらで借ります。

女　では受付でそのことをおっしゃってくださいね。クラス分けテストの後で、レベルに応じたクラスを見学していただきます。

男　はい、分かりました。

女　あ、それと当スクールでは、事故防止のため、健康管理を徹底しております。必ず、来られた方に受付で血圧を測っていただいておりますので、ご協力ください。

男　分かりました。

男の人はまず何をしなければいけませんか。

1　水着を買いに行く
2　クラス分けテストを受ける
3　クラスを見学する
4　血圧を測る

3번

남자가 수영학원에 전화하고 있습니다. 남자는 우선 무엇을 해야 합니까?

남　여보세요. 거기 수영학원에 다니고 싶은 사람인데요.

여　네, 전화 감사합니다. 그럼, 이전에도 수영학원의 강습을 받으신 적이 있으신가요?

남　네. 거기 학원은 아니지만, 고등학교 때 3년정도 배운 적이 있습니다.

여　그렇습니까? 그럼, 경험자시네요. 수영 경력이 있으신 분들은 반 배정 테스트가 있습니다. 시간 괜찮으실 때, 저희 학원에 오셔서 코치에게 테스트를 받게 되는데 괜찮으세요?

남　네. 그럼, 지금 가도 되나요?

여　네, 지금 오셔도 문제없지만, 수영복 준비 같은 것은 괜찮으세요? 일단 저희 쪽에서도 대여용 수영복을 준비해놓고 있습니다만….

남　그럼, 그쪽에서 빌릴게요.

여　그럼 접수처에서 그 점을 말씀해 주세요. 반 배정 테스트 후에 레벨에 맞는 반을 견학할 겁니다.

남　네, 알겠습니다.

여　아, 그리고 저희 학원에서는 사고방지를 위해 건강관리를 철저히 하고 있습니다. 반드시 오신 분에게 접수처에서 혈압을 재니까 협력해 주세요.

남　알겠습니다.

남자는 우선 무엇을 해야 합니까?

1　수영복을 사러 간다
2　반 배정 테스트를 받는다
3　반을 견학한다
4　혈압을 잰다

レッスン 레슨 | 受講 수강 | さようでございますか 그렇습니까 | 経験者 경험자 | ～でいらっしゃる ～이시다 | クラス分け 반을 나눔, 반 배정 | 都合 사정, 형편 | 水着 수영복 | 準備 준비 | 一応 일단, 우선 | 貸出 대출, 대여 | 受付 접수 | おっしゃる '말하다'의 존경어 | ～に応じた ～에 맞는 | 見学 견학 | 事故 사고 | 防止 방지 | 健康 건강 | 管理 관리 | 徹底する 철저히 하다 | 血圧を測る 혈압을 재다 | テストを受ける 테스트를 받다

4番

大学で女の学生と男の学生が話しています。男の学生はこれからまず何をしますか。

男 授業終わったら、一緒に課題しに図書館行かない？

女 ごめん、授業終わったら駅前のスキー用品店に行く予定なんだ。

男 京子ってスキーが趣味だったっけ？

女 趣味ではないんだけど…。実は今週末に留学生交流会があるんだ。それで雪山でしようってことになって。なんでも、雪を見たことがない国の留学生がいて、ウィンタースポーツをしてみたいんだって。それで、急遽、私もウエアを買いに行かなくちゃいけなくて…。

男 へえ～。雪を見たことがない人たちには雪が珍しいだろうね。

女 うん。それに、夜は鍋パーティーするんだって。買い出しにも行かなきゃいけないんだ。そうだ、公平も手伝ってよ。今週末暇でしょ？準備に人手が足りなくて困ってたところなんだ。

男 うん、どうせ暇だからいいよ。じゃ、とりあえず京子のウエア、一緒に選んでやるよ。

女 うん。ありがとう。

男の学生はこれからまず何をしますか。

1 図書館に行く
2 駅前に行く
3 スキーをしに行く
4 鍋の材料を買いに行く

4번

대학에서 여학생과 남학생이 이야기하고 있습니다. 남학생은 앞으로 우선 무엇을 합니까?

남 수업 끝나면 같이 과제하러 도서관 가지 않을래?

여 미안, 수업 끝나면 역 앞의 스키용품점에 갈 예정이야.

남 교코, 스키가 취미였었나?

여 취미는 아닌데…. 실은 이번 주말에 유학생 교류회가 있어. 그래서 눈 내린 산에 가자는 얘기가 나와서. 잘은 모르는데 눈을 본 적 없는 나라의 유학생이 있어서, 겨울스포츠를 해 보고 싶대. 그래서 갑자기 나도 옷을 사러 가야 하거든.

남 아~. 눈을 본 적 없는 사람들한테는 눈이 신기하겠네.

여 응. 게다가 밤에는 전골요리 파티한대. 장도 보러 가야 해. 아, 맞다. 고헤이도 거들어 줘. 이번 주말 한가하지? 준비하는 데에 일손이 부족해서 곤란해 하던 참이야.

남 응, 어차피 한가하니까 좋아. 그럼 우선 교코 옷, 같이 골라 줄게.

여 응. 고마워.

남학생은 앞으로 우선 무엇을 합니까?

1 도서관에 간다
2 역 앞에 간다
3 스키를 타러 간다
4 전골요리 재료를 사러 간다

課題 과제 | スキー用品店 스키용품점 | ～っけ ～였나, ～랬나 | 趣味 취미 | 留学生 유학생 | 交流会 교류회 | それで 그래서 | 雪山 눈이 쌓인 산 | なんでも 잘은 모르지만 | 急遽 갑자기 | ウエア 옷 | 珍しい 드물다 | 鍋 냄비 | 買い出し 물건을 사러 감 | 人手 일손 | 足りない 부족하다 | どうせ 어차피 | 暇だ 한가하다 | とりあえず 우선, 일단 | 材料 재료

5番

会社で男の人と女の人が話しています。女の人はこれからどうしますか。

女　山口さん、今日仕事終わったら、ビアガーデンにビールでも飲みに行きませんか。

男　お付き合いしたいところなんですが、今日の夜はフィットネスクラブに行くことになっているので…。

女　山口さん、筋トレ始めたんですか。

男　いえ、実は卓球のレッスンを受けてるんです。友達に勧められていったら、はまっちゃって。アマチュアの大会にも出ようと思ってるんですよ。

女　へ～、私もやってみたいなあ。見学とかもできますか。

男　はい、もちろん。体験レッスンもしてくれるので、今日一緒に行ってみますか。僕も体験レッスン受けてから、クラブに加入するか決めたので。

女　でも、私運動するもの何も持ってないんですけど、大丈夫ですか。

男　あ～、そうですね。ラケットは貸してもらえるんですけど、スポーツウエアは買わないとダメですね。あ、じゃあ、週末一緒に買いに行きましょう。とりあえず、今日は見るだけということで。

女　はい、ありがとうございます。

女の人はこれからどうしますか。

1　フィットネスクラブに加入する
2　スポーツウエアを買いに行く
3　卓球のレッスンを見学する
4　卓球の体験レッスンを受ける

5번

회사에서 남자와 여자가 이야기하고 있습니다. 여자는 앞으로 어떻게 합니까?

여　야마구치 씨, 오늘 일 끝나면 비어가든에 맥주라도 마시러 가지 않을래요?

남　같이 가고 싶은데, 오늘 밤은 피트니스 클럽에 가기로 되어 있어서….

여　야마구치 씨, 근력운동 시작했어요?

남　아뇨, 실은 탁구 레슨을 받고 있어요. 친구가 권해서 갔는데 완전 빠져서요. 아마추어대회에도 나가볼까 해요.

여　아~ 나도 해보고 싶다. 견학 같은 것도 할 수 있어요?

남　네, 물론이죠. 체험레슨도 해주니까 오늘 같이 가볼래요? 저도 체험레슨을 받고 나서 클럽에 가입할지 정했거든요.

여　근데 저 운동할 것 아무것도 안 가지고 있는데 괜찮아요?

남　아~ 그렇군요. 라켓은 빌려주는데 운동복은 사야 하네요. 아, 그럼, 주말에 같이 사러 가요. 우선 오늘은 보기만 하는 걸로.

여　네, 고마워요.

여자는 앞으로 어떻게 합니까?

1　피트니스 클럽에 가입한다
2　운동복을 사러 간다
3　탁구 레슨을 견학한다
4　탁구 체험레슨을 받는다

付き合う 동행하다, 사귀다 ｜ 筋トレ 근육 트레이닝 ｜ 卓球 탁구 ｜ レッスンを受ける 레슨을 받다 ｜ 勧める 추천하다 ｜ はまる 빠지다 ｜ 見学 견학 ｜ 体験 체험 ｜ 加入 가입 ｜ とりあえず 일단, 우선

問題2

朝の情報番組で女の人と男の人が話しています。飲みやすくするためには何を入れればいいですか。

女　お酢の健康効果は昔から言われていましたが、最近、美容やダイエットなどで再び注目を集め始めています。

男　でも、お酢って、酸っぱくてなかなか、飲みづらいと思いませんか。

女　そうなんですよね。お酢の独特な酸味が苦手な方は多いですし、お子様もあまり飲もうとしませんよね。

男　何か、おいしい飲み方ってありませんかね？

女　そうですね。お酢の風味を生かすなら、炭酸水や牛乳で割って飲むのも美味しいですよ。また、お好きなフルーツジュースでも美味しく飲めます。でも、これだと、酸味が強く残ってしまいますから、酸っぱいのが苦手だという人には難しいかもしれませんね。

男　そうですね。じゃ、僕みたいな人はどうしたらいいですかね？

女　そうですね。そんな方には蜂蜜を入れて甘味を調節するのがおすすめです。入れすぎは体に悪いですが、適量なら体にもいいですし、美味しく飲めますよ。

男　そうなんですか。ぜひ試してみます。

飲みやすくするためには何を入れればいいですか。

1 炭酸水
2 牛乳
3 フルーツジュース
4 蜂蜜

문제2

아침 정보프로그램에서 여자와 남자가 이야기하고 있습니다. 마시기 쉽게 하기 위해서는 무엇을 넣으면 됩니까?

여　식초의 건강효과는 예전부터 들었지만, 최근 미용이나 다이어트 등에서 다시금 주목을 받기 시작하고 있습니다.

남　그렇지만, 식초는 셔서 좀처럼 마시기 힘들지 않나요?

여　맞아요. 식초의 독특한 산미를 싫어하는 분도 많고, 자녀분도 그다지 마시려고 하질 않죠.

남　뭔가 맛있게 마시는 방법은 없을까요?

여　글쎄요. 식초의 풍미를 살린다면 탄산수나 우유를 타서 마시는 것도 맛있어요. 또 좋아하는 과일 주스로도 맛있게 드실 수 있어요. 그렇지만 이렇게 되면 산미가 강하게 남아서 신 것을 못 드시는 분들에게는 마시기 어려울지도 모르겠네요.

남　그렇죠. 그럼 저 같은 사람은 어떻게 하면 될까요?

여　글쎄요. 그러한 분들에게는 꿀을 넣어 단맛을 조절하는 것을 추천해 드립니다. 너무 많이 넣는 것은 몸에 나쁘지만 적정량이라면 몸에도 좋고 맛있게 드실 수 있어요.

남　그래요? 꼭 시도해 볼게요.

마시기 쉽게 하기 위해서는 무엇을 넣으면 됩니까?

1 탄산수
2 우유
3 과일 주스
4 꿀

情報 정보｜番組 프로그램｜お酢 식초｜健康 건강｜美容 미용｜再び 다시, 재차｜注目を集める 주목을 끌다(받다)｜酸っぱい 시다｜～づらい ～하기 힘들다｜独特な 독특한｜酸味 산미, 신맛｜苦手だ 질색이다, 어렵고 거북하다｜お子様 자녀분｜風味 풍미｜生かす 살리다｜炭酸水 탄산수｜牛乳 우유｜割る 묽게 하다, 타다｜蜂蜜 벌꿀｜甘味 단맛｜調節 조절｜適量 적정량｜試す 도전하다, 시도하다

男の学生と女の学生が話しています。男の学生の親戚が溺れそうになったのは、どうしてですか。

女　最近、水の事故が多いよね。海とか川で溺れそうになったとかさ。

男　本当だよね。僕、泳げないから、そういうの聞くと、怖いよ。

女　この前も、近くの海水浴場で事故があったんだって。その人は浜辺でお酒飲んでたらしいんだけど、酔っぱらったまま海に入っちゃって、溺れたらしいよ。すぐに救急隊員が来てくれたらしいけど…。

男　え〜、自分の不注意で他の人に迷惑かけるのは良くないね。まあ、僕も人のこと言えないんだけどね。

女　え、なんで？

男　この前、僕の従妹も川で溺れかけたんだよ。ストレッチとかしないで、川に着いてすぐ、水の中に飛び込んだものだから足がつっちゃって…。それで溺れそうになったのをうちの兄貴が助けたんだ。

女　お兄さん、かっこいい。

男の学生の親戚が溺れそうになったのは、どうしてですか。

1　飲酒をしたから
2　準備運動をしなかったから
3　川の流れが速かったから
4　泳げなかったから

남학생과 여학생이 이야기하고 있습니다. 남학생의 친척이 물에 빠질 뻔한 이유는 무엇입니까?

여　최근 물놀이사고가 많지? 바다나 강에서 빠질 뻔 했다던가 하는.

남　정말 그래. 난 수영 못해서 그런 얘기 들으면 무서워.

여　요전에도 근처 해수욕장에서 사고가 있었대. 그 사람은 해변에서 술을 마셨다던데, 몹시 취한 상태로 바다에 들어가서 빠졌대. 바로 구급대원이 와 줬다고는 하더라고.

남　으~ 자신의 부주의로 다른 사람한테 민폐를 끼치는 것은 좋지 않네. 뭐, 나도 남말 할 처지는 아니지만.

여　어? 왜?

남　저번에 내 사촌도 강에 빠질 뻔 했어. 스트레칭 같은 거 안하고 강에 도착하자마자 바로 물 속으로 뛰어들어서 발에 쥐가 나서…. 그래서 빠질 뻔한 걸 우리 형이 구해줬지.

여　오빠, 멋있다.

남학생의 친척이 물에 빠질 뻔한 이유는 무엇입니까?

1　술을 마셨기 때문에
2　준비운동을 하지 않았기 때문에
3　강의 유속이 빨랐기 때문에
4　수영을 못했기 때문에

親戚 친척 | 溺れる 물에 빠지다 | 〜とか 〜라든가 | 海水浴場 해수욕장 | 浜辺 해변, 바닷가 | 酔っぱらう 몹시 취하다 | 〜たまま ～한 채로 | 〜らしい ～한 것 같다 | 救急隊員 구급대원 | 不注意 부주의 | 迷惑(を)かける 민폐(를) 끼치다 | 従妹 사촌 | 〜かける | 〜할 뻔하다 | ストレッチ 스트레칭 | 飛び込む 뛰어들다 | 足がつる 다리에 쥐 나다 | 兄貴 형 | 助ける 돕다, 구하다 | 飲酒 음주 | 準備 준비 | 川の流れ 강의 유속

3番

3番

男の人と女の人が話しています。女の人はお見合いパーティーが楽しくなかった理由は何だったと言っていますか。

男　この前のお見合いパーティーどうだった？

女　いまいち、盛り上がらなかったなあ。

男　え、なんで？かっこいい人がいなかったから？

女　ううん、たくさんいたよ。

男　じゃ、話が面白くなかったんだろう？イケメンって大体、話は面白くないから…。

女　ひねくれてるね。外見も素敵で話も面白い人が多かったよ。

男　じゃあ、なんで、楽しくなかったんだよ？

女　やっぱり、慣れないことしたからかな。あがっちゃって。

男　そっかあ、そういう時は適度にお酒を飲むといいんだって。

女　へえ～、じゃ次回の参考にする。

3번

남자와 여자가 이야기하고 있습니다. 여자는 맞선파티가 재미없었던 이유는 무엇이라고 말하고 있습니까?

남　지난번 맞선파티 어땠어?

여　그다지 재미있지 않았어.

남　어? 왜? 괜찮은 사람 없어서?

여　아니~ 많이 있었어.

남　그럼, 대화가 즐겁지 않았구나? 잘생긴 사람은 대체로 대화가 재미없지 않으니까….

여　꼬였네~. 외모도 멋지고 얘기도 재미있게 하는 사람 많았어.

남　그럼, 왜 재미없었다는 거야?

여　역시 익숙하지 않은 걸 해서 그런지. 긴장해서.

남　그렇구나, 그럴 때는 적당히 술을 마시면 괜찮대.

여　아~ 그럼 다음에 참고할게.

女の人はお見合いパーティーが楽しくなかった理由は何だったと言っていますか。

1　お酒を飲みすぎたから
2　緊張しすぎたから
3　異性との話が面白くなかったから
4　好みの異性がいなかったから

여자는 맞선파티가 재미없었던 이유는 무엇이라고 말하고 있습니까?

1　과음했기 때문에
2　너무 긴장했기 때문에
3　이성과의 대화가 재미없었기 때문에
4　좋아하는 타입의 이성이 없었기 때문에

お見合い 맞선 | いまいち 그럭저럭, 조금 부족한 모양 | 盛り上がる 무르익다, 흥이 올라가다 | イケメン 잘생긴 남자 | 大体 대체로, 보통 | ひねくれる 비뚤어지다 | 外見 외견, 외모 | 素敵だ 멋지다 | あがる 긴장하다 | 適度に 적당하게 | 次回 다음 번 | 参考 참고 | 緊張 긴장 | 異性 이성 | 好み 좋아함, 취향

親子が話しています。男の子はどうして魚を残したいと言っていますか。

女　どうしたの、ご飯はバランスよく食べなきゃダメよ。残すのは許しませんからね。

男　え～。お腹いっぱいだよ。

女　ご飯の前にお菓子でも食べたんじゃないの？

男　違うよ。食欲がないんだあ。

女　そんな言い訳通用しませんよ。どうせ、お肉じゃないから食べないんでしょう。バレバレよ。

男　だって…。この前、お父さんだって食べなかったじゃないか。ずるい。

女　お父さんは大人だからいいんです。まあ確かにお父さんは生臭い物とか、見た目が気持ち悪い物が苦手だけど、ひろとは違うでしょ？

男　うん。でも、魚って骨を取るのが面倒なんだもん。

女　そんなこと言ったって、ダメなものはダメ。食べるまで、テレビ禁止。

男　そんな～。

男の子はどうして魚を残したいと言っていますか。

1　生臭いから
2　食べづらいから
3　見た目が気持ち悪いから
4　お腹がいっぱいだから

부모와 아이가 이야기하고 있습니다. 남자아이는 왜 생선을 남기고 싶다고 말하고 있습니까?

여　뭐야, 밥은 골고루 먹어야지. 남기는 건 허락 못해.

남　에~, 배불러.

여　밥 먹기 전에 과자라도 먹은 거 아니야?

남　아니야. 식욕이 없어.

여　그런 핑계 안 통해. 어차피 고기가 아니니까 안 먹는 거잖아. 딱 보면 알아.

남　그치만…. 지난번에 아빠도 안 먹었잖아. 너무해.

여　아빠는 어른이니까 괜찮아. 뭐, 확실히 아빠는 비린내 나는 거나 보기에 좀 징그러운 건 못 먹지만, 히로토는 다르잖아?

남　응. 그렇지만 생선은 뼈 발라내는 게 귀찮단 말야.

여　그런 말해도 안 되는 것은 안돼. 먹을 때까지 텔레비전 금지.

남　말도 안돼~.

남자아이는 왜 생선을 남기고 싶다고 말하고 있습니까?

1　비린내가 나서
2　먹기 힘들어서
3　겉보기에 징그러워서
4　배가 불러서

残す 남기다 | バランスよい 균형잡히다 | 許す 허락하다 | お腹(が)いっぱいだ 배부르다 | 食欲 식욕 | 言い訳 핑계 | 通用 통용 |
どうせ 어차피 | バレバレ 거짓말이 빤히 보임 | だって 그치만 | ～だって ～도 | ずるい 약다, 능글맞다 | 大人 어른 | 生臭い
비린내 나다 | ～とか ~라든가 | 見た目 겉모습 | 気持ち悪い 징그럽다 | 骨を取る 뼈를 발라내다 | 面倒だ 귀찮다 | 禁止 금지

5번

男の人と女の人が話しています。男の人はどうしてリフォームすると言っていますか。

女　この間ね、お風呂が壊れちゃって、三日間、家のお風呂に入れなかったのよ。

男　え～、大変だったね。なんで、壊れちゃったの？

女　うちの家、築50年で、古くなっちゃって、もう寿命なのよ。替え時みたい。

男　そっかあ。まあ、僕の家もリフォームするつもりなんだけどね。

女　へえ～。でも、家を建ててからそんなに経ってないじゃない。

男　うん、そうなんだけど。この前の台風で家の窓が壊れたから、業者に頼んでなおしに来てもらったんだ。そのついでに、この家について聞いてみたら、リフォームが必要だって言われて…。

女　ただの営業じゃないの？

男　なんか、深刻なんだって。地震が来たら、つぶれてしまう危険性があるらしいよ。

女　それはしないといけないわね。

남자와 여자가 이야기하고 있습니다. 남자는 왜 리폼을 한다고 말하고 있습니까?

여　요전에 욕실이 부서져서 3일동안 집에서 목욕을 못했어.

남　에~고생했겠네. 왜 부서졌어?

여　우리 집 지은 지 50년이라 오래되기도 했고, 이미 수명을 다 했어. 바꿀 시기인 것 같아.

남　그렇구나. 뭐, 우리 집도 리폼할 생각인데.

여　아~. 근데 집 지은 지 얼마 안 됐잖아.

남　응, 그렇기는 한데. 지난번 태풍으로 집 창문이 깨져서 업자한테 부탁해서 수리하러 왔었어. 그 참에 이 집에 대해서 물어봤더니 리폼이 필요하다고 해서….

여　그냥 영업 아냐?

남　뭔가 심각하대. 지진이 나면 무너질 위험성이 있대.

여　그건 해야겠네.

男の人はどうしてリフォームすると言っていますか。

1　窓が壊れたため
2　家が古くなったため
3　防犯対策のため
4　耐震対策のため

남자는 왜 리폼을 한다고 말하고 있습니까?

1　창문이 깨져서
2　집이 낡아져서
3　방범대책을 위해서
4　내진대책을 위해서

リフォーム 리폼, 개축, 수리 | お風呂 목욕탕 | 壊れる 부서지다, 깨지다 | 築50年 지은 지 50년 | 寿命 수명 | 替え時 바꿀 시기 | 経つ 경과하다, 지나다 | 業者 업자 | そのついでに 그런 김에 | ただ 단지, 그냥 | 営業 영업 | 深刻 심각함 | 地震 지진 | つぶれる 무너지다 | 危険性 위험성 | 防犯 방범 | 耐震 내진

男の人と女の人が話しています。男の人の家が火事になりかけたのはどうしてですか。

女　先週の火事、放火だったんだって。怖いよね。まだ犯人捕まらないらしいよ。

男　え〜。怖いね。この季節は放火だけじゃなくて、ストーブとか暖房もよく使うから気を付けないと。

女　うちのマンションなんて、室内でタバコを吸ってる人が多いから、いつ火事になるか、ひやひやするよ。でも放火は防ぎようがないからなあ。

男　そうだよね。実は僕もこの前、放火にあったんだ。

女　え、知らなかった。大丈夫だったの？犯人捕まった？

男　放火って言っても未遂だけどね。犯人も捕まったよ。

女　良かったね。でも犯人どんな人だったの？

男　ミケさんだよ。僕の家、スイッチ式のガスコンロだから、僕の留守中にコンロのスイッチ入れちゃったみたいで。僕がコンビニ行っていた10分くらいの間に起きたんだ。家に戻ってみたら、鍋から煙が出てるし、ほんと、焦ったよ。

女　ミケさんって、猫じゃない。

男の人の家が火事になりかけたのはどうしてですか。

1　誰かに放火されたから
2　タバコの火を消さなかったから
3　猫がコンロの火をつけたから
4　コンロの火を消し忘れたから

남자와 여자가 이야기하고 있습니다. 남자의 집에 화재가 날 뻔한 이유는 무엇입니까?

여　지난주 화재, 방화였대. 무섭다~. 아직 범인 못 잡았다던데.

남　에~. 무섭다. 이 계절은 방화뿐만 아니라 난로나 난방기구도 자주 사용하니까 조심해야 해.

여　우리 맨션도 실내에서 담배피는 사람이 많아서 언제 불이 날지 조마조마해. 그렇지만, 방화는 막을 방법이 없으니까.

남　맞아. 실은 나도 요전에 방화를 당했어.

여　어? 몰랐어. 아무 문제없었어? 범인은 잡혔고?

남　방화라고는 해도 미수지만. 범인도 잡혔어.

여　다행이다. 근데 범인은 어떤 사람이었어?

남　미케 씨였어. 우리 집, 스위치식의 가스풍로니까 내가 집에 없을 때 풍로 스위치를 켰던 것 같아. 내가 편의점에 갔던 10분 정도의 사이에 일어났어. 집에 돌아와보니 냄비에서 연기나고 진짜 맘 졸였어.

여　미케 씨는 고양이잖아.

남자의 집에 화재가 날 뻔한 이유는 무엇입니까?

1　누군가가 불을 질러서
2　담뱃불을 끄지 않아서
3　고양이가 풍로에 불을 켜서
4　풍로의 불 끄는 것을 깜박해서

火事 화재 | ～かける ～할 뻔하다 | 放火 방화 | 犯人 범인 | 捕まる 잡히다 | 季節 계절 | 暖房 난방 | 室内 실내 | ひやひや 조마조마 | 防ぐ 방지하다, 막다 | ～ようがない ～할 방법이 없다 | 未遂 미수 | ガスコンロ 가스풍로 | 留守中 부재중 | スイッチを入れる 스위치를 켜다 | 鍋 냄비 | 煙 연기 | 焦る 초조해하다 | 火を消す 불을 끄다 | 火をつける 불을 켜다 | 消し忘れる 끄는 걸 잊다

1番

講演会で男の人が話しています。

男　経営者の仕事は非常に複雑で日々様々な課題に取り組まなければなりません。その中でも会社に必要な資金を調達するのは経営者の重要な仕事であるということは皆さんもご存知ですよね。資金調達をするためには、的確にその場の流れを読み、必要に応じて素早く判断し行動する必要があります。素早く判断、行動するには、いかに従業員を動かせるかという部分も大切になってきます。ですから、最も重要なのはやはり人間関係を円滑にするための能力といえますね。その中でも特に情報伝達能力は従業員に対しても必要ですし、資金調達する上でも必要になってきますから、この能力を育てておくと経営者としての成功が望めるでしょう。

経営者に必要な能力は何だと言っていますか。

1 判断力
2 適応能力
3 財力
4 コミュニケーション能力

講演会 강연회	経営者 경영자	非常に 상당히
複雑 복잡함	日々 매일, 하루하루	課題 과제	取り組む 대처하다, 맞붙다
資金 자금	調達 조달	ご存知だ 아시다	的確に 정확하게	~に応じて ~에 따라서, ~에 맞춰서	素早い 재빠르다	判断 판단
行動する 행동하다	いかに 얼마나, 어떻게	従業員 종업원	動かせる 움직이게 하다	円滑に 원활하게	~ための ~하기 위한
能力 능력	情報伝達 정보 전달	~上で ~하는 데 있어서	育てる 키우다, 기르다	適応 적응	財力 재력

2番

留守番電話のメッセージを聞いています。

女　こちら、レンタルビデオ・DVDショップの三田です。先日ご返却いただいたDVD『ペット大集合』の中身が別のものになっておりました。お客様が個人的に所有されていたものだと思われます。お手数ですが、『ペット大集合』の中身を再度、当店にお持ちいただけますでしょうか。すでにご予約されているお客様

1번

강연회에서 남자가 이야기하고 있습니다.

남　경영자의 일은 매우 복잡하고 매일매일 다양한 과제에 대처해야 합니다. 그 중에서도 회사에 필요한 자금을 조달하는 것이 경영자의 중요한 업무라는 것은 여러분도 알고 계시겠죠. 자금을 조달하기 위해서는 정확하게 그 상황의 흐름을 읽어내고, 필요에 맞게 재빨리 판단하고 행동할 필요가 있습니다. 빠른 판단과 행동을 하기 위해서는 어떻게 종업원을 움직이게 하느냐의 부분도 중요하게 됩니다. 그렇기 때문에 가장 중요한 것은 역시 인간관계를 원활하게 하기 위한 능력이라고 할 수 있겠죠. 그 중에서도 특히 정보전달능력은 종업원에게도 필요하며 자금조달을 하는 데에 있어서도 필요하게 되므로, 이 능력을 길러 두면 경영자로서의 성공을 기대할 수 있겠습니다.

경영자에게 필요한 능력은 무엇이라고 말하고 있습니까?

1 판단력
2 적응 능력
3 재력
4 커뮤니케이션 능력

2번

부재중 전화의 메시지를 듣고 있습니다.

여　저는 렌탈비디오·DVD숍의 미타입니다. 일전에 반납해 주신 DVD '펫 대집합' 속에 다른 DVD가 들어가 있었습니다. 고객님이 개인적으로 소유하고 계신 것이라고 생각됩니다. 수고스럽겠지만 '펫 대집합'의 내용물을 다시 한번 저희 가게에 가지고 와주실 수 있을까요? 이미 예약하신 고객님이 그 DVD를 기다리고 계시기 때문에 시급한 반납 부탁드립

がそちらのDVDをお待ちになっておりますので、早急にご返却願います。また、お客様のDVDは返却カウンターの方でお預かりいたしております。なお、当店の開店時間は朝9時30分から、午後10時30分までとなっております。無人返却ポストもございますが、お客様の場合はお預かりしているDVDもございますので、来店していただきますようよろしくお願い致します。

니다. 그리고 고객님의 DVD는 반납카운터 쪽에서 보관하고 있습니다. 또한 저희 가게의 개점 시간은 아침 9시 30분부터 오후 10시 30분까지로 되어 있습니다. 무인반납함도 있습니다만, 고객님의 경우에는 보관 하고 있는 DVD도 있으니까 내점해 주시기를 부탁드립니다.

何についてのメッセージですか。

1 予約していたDVDが返却された
2 忘れ物を受け取りにきてほしい
3 DVDの中身が違っていた
4 延滞料金を払ってほしい

무엇에 대한 메시지입니까?

1 예약한 DVD가 반납되었다
2 분실물을 받으러 오길 바란다
3 DVD의 내용물이 달랐다
4 연체요금을 지불하길 바란다

返却 반납 | お/ご~いただく ~해 주시다 | 中身 내용물 | 別のもの 다른 것 | 個人的 개인적 | 所有 소유 | お手数ですが 수고스럽겠지만 | 再度 다시 한번 | すでに 이미 | 早急に 즉시, 바로 | お/ご~願う ~을 부탁드리다 | 預かる 맡다, 보관하다 | お/ご~いたす ~하다(겸양표현) | 無人 무인 | ござる '있다'의 높임말 | 来店 내점 | ~よう(に) ~하기를 | 忘れ物 분실물 | 受け取る 받다, 수취하다 | 延滞料金 연체요금

3番

<u>会社の入社式で社長が話しています。</u>

男　ご存知の通り、当社は今大きな節目を迎えています。このような時期に、皆さんと出会えたことを大変うれしく思います。これから皆さんが取り組む仕事は地道な仕事であると感じることが多いでしょう。しかし、その地道な仕事こそが、この会社を支えています。どんなに大きい仕事でも、小さな仕事の積み重ねであるということを忘れないでください。今後、仕事のことで戸惑うこともあると思いますが、仲間と協力し合い、目の前の仕事に全力で取り組んでください。そして、当社に入社するにあたり皆さんに一つお願いしておきます。仕事に対して具体的な志を持ってください。志を達成するには、果敢に挑戦することが必要です。ぜひ、当社で志の実現を目指しましょう。

3번

회사 입사식에서 사장이 이야기하고 있습니다.

남　아시다시피 저희 회사는 지금 큰 고비를 맞고 있습니다. 이러한 시기에 여러분들과 만날 수 있었다는 점, 대단히 기쁘게 생각합니다. 앞으로 여러분들이 맡을 일은 사소한 일이라고 느끼는 경우가 많겠죠. 하지만 그 소소한 업무야말로 이 회사를 지탱하고 있습니다. 아무리 큰 업무라도 소소한 업무의 축적이라는 점을 잊지 마세요. 향후 업무와 관련해서 당황하는 일도 있겠지만, 동료와 서로 협력해서 눈 앞에 놓인 일에 전력으로 임해 주세요. 그리고 저희 회사에 입사하는 시점에서 여러분들에게 한 가지 부탁해 두겠습니다. 일에 대해 구체적인 목표를 가져 주세요. 목표를 달성하기 위해서는 과감하게 도전하는 것이 필요합니다. 부디 저희 회사에서 목표 실현을 지향합시다.

社長が新入社員に求めているものは何ですか。

1 会社を発展させること
2 目標に向かって頑張ること
3 成果を出すこと
4 リーダーシップを発揮すること

사장이 신입사원에게 바라는 것은 무엇입니까?

1 회사를 발전시키는 것
2 목표를 향해 힘쓰는 것
3 성과를 내는 것
4 리더십을 발휘하는 것

入社式 입사식 | ご存知の通り 아시다시피 | 節目 단락을 짓는 시점, 구획, 고비 | 迎える 맞이하다 | 時期 시기 | 出会う 만나다 | 取り組む 대처하다, 맞붙다 | 地道だ 수수하다, 검소하다 | 支える 지탱하다 | 積み重ね 축적 | 今後 앞으로 | 戸惑う 당황하다, 망설이다 | 仲間 동료 | 協力 협력 | ～合う 서로 ～하다 | ～にあたり ～할 때 | 具体的な 구체적인 | 志 뜻, 마음 | 達成 달성 | 果敢に 과감하게 | 挑戦 도전 | 実現 실현 | 目指す 지향하다, 목표로 하다 | 求める 요구하다, 바라다 | 発展 발전 | 目標 목표 | ～に向かって ～을 향해 | 成果を出す 성과를 내다 | リーダーシップ 리더십 | 発揮 발휘

4番

テレビで女の人が男の人にインタビューしています。

女 このみかん畑から見る夕焼けは本当に美しいですね。さて、このような素敵な場所で働けるということなのですが、どのようなことをすればいいのでしょうか。

男 はい、まず市役所に応募用紙がありますので、それを書いてもらいます。それをもとに書類審査を行い、1次審査に通った方は面接があります。面接に合格した方は1週間、実際にみかんを収穫する体験をしていただきます。その後で、今後もここで働きたいかの意思表示をしてもらうという流れになります。

女 ご説明ありがとうございます。皆さんもこのような豊かな自然に癒されながら、農業という第2の人生を始めてみるというのはいかがでしょうか。田舎暮らしに憧れている方はこの機会にぜひ応募してみてください。

4번

텔레비전에서 여자가 남자에게 인터뷰를 하고 있습니다.

여 이 귤밭에서 보는 석양은 정말 아름답네요. 그건 그렇고 이러한 멋진 장소해서 일할 수 있다는 이야기인데요, 어떤 것을 하면 될까요?

남 네, 우선 시청에 응모용지가 있으니 그것을 적으시면 됩니다. 그것을 토대로 서류심사를 하고 1차심사에 통과하신 분은 면접이 있습니다. 면접에 합격하신 분은 일주일간 실제로 귤을 수확하는 체험을 하게 됩니다. 그 후에, 앞으로도 여기에서 일하고 싶은지의 의사표시를 묻는 흐름이 됩니다.

여 설명 감사 드립니다. 여러분도 이러한 풍요로운 자연에 치유 받으며, 농업이라는 제2의 인생을 시작해 보는 것은 어떠실까요? 전원생활을 동경하고 있는 분들은 이 기회에 꼭 응모해 보세요.

何についての番組ですか。

1 みかんの収穫体験ツアーの案内
2 みかん農家募集の案内
3 ボランティア活動の紹介
4 市役所の業務についての紹介

무엇에 대한 프로그램입니까?

1 귤 수확체험투어의 안내
2 귤 농가모집의 안내
3 봉사활동의 소개
4 시청 업무에 대한 소개

みかん畑 귤밭 | ～から見る ～에서 보는 | 夕焼け 석양 | さて 그건 그렇고 | ～ということだ ～라는 이야기다 | 市役所 시청 | 応募 응모 | 用紙 용지 | ～をもとに ～을 토대로 | 審査 심사 | ～に通る ～에 통과하다, ～에 합격하다 | 面接 면접 | 収穫 수확 | 体験 체험 | 意思 의사 | 表示 표시 | 豊かだ 풍부하다 | 自然 자연 | 癒される 치유받다 | 農業 농업 | 田舎暮らし 시골생활, 전원생활 | ～に憧れる ～을 동경(선망)하다 | 機会 기회 | 農家 농가 | 募集 모집 | ボランティア活動 봉사활동 | 業務 업무 | ～についての ～에 대한

テレビで女の人が話しています。

女　年を取るにつれて、薄毛、抜け毛で悩まれている方も多いと思います。ですが、最近では年齢に関係なく、薄毛や抜け毛、頭皮トラブルに頭を悩ましている若者も増えてきています。薄毛、抜け毛は命に関わることではないので、深刻に考えない方も多いですが、健康な方はそもそも薄毛や抜け毛になったりしないので、このような状態はやはり病気の一種だといえるのです。病気はきちんとした薬で治すのが好ましいですよね。今まで髪のトラブルで悩まれてきた方、朗報です。この「ヘアロン」は発毛を促進する効果のある塗り薬です。薄毛対策にひと塗りするだけ、簡単にお使いになられます。騙されたと思って1か月試してみてください。効果を実感できますよ。

何についての話ですか。

1 薄毛の原因
2 薄毛によっておこる病気
3 薄毛と心の関係
4 薄毛を治す薬

5번

텔레비전에서 여자가 이야기하고 있습니다.

여　나이를 먹으면서 머리숱이 적어지거나 탈모로 고민하시는 분들도 많을 거라고 생각합니다. 하지만, 최근에는 연령에 관계없이 적은 숱이나 탈모, 두피트러블로 골치를 썩이는 젊은이도 늘고 있습니다. 적은 숱과 탈모는 생명에 관계되는 것이 아니기 때문에 심각하게 생각하지 않는 분도 많지만, 건강한 분들은 애초에 적은 숱이나 탈모가 되거나 하지 않기 때문에, 이 같은 상태는 역시 병의 일종이라고 말할 수 있습니다. 병은 제대로 된 약으로 치료하는 것이 바람직하겠죠. 지금까지 모발 트러블로 고민하셨던 분, 희소식입니다. 이 '헤어롱'은 발모를 촉진하는 효과가 있는 바르는 약입니다. 적은 숱 대책으로 한 번 바르기만 하는 간단한 사용이 가능하십니다. 속는 셈치고 한 달 테스트해 보세요. 효과를 실감하실 수 있습니다.

무엇에 대한 이야기입니까?

1 머리숱이 적어지는 원인
2 머리숱이 적어지는 것으로 인해 생기는 병
3 적은 머리숱과 마음의 관계
4 머리숱이 적어지는 것을 치료하는 약

年を取る 나이를 먹다 | ～につれて ～함에 따라서 | 薄毛 머리숱이 적어짐 | 抜け毛 머리가 빠짐, 탈모 | 悩まれる 고민하시다 | 年齢 연령 | 頭皮トラブル 두피 트러블 | 頭を悩ます 골치를 썩이다 | ～に関わる ～에 관련된 | 深刻に 심각하게 | そもそも 애초에 | 状態 상태 | 一種 일종 | きちんとした 제대로 된 | 治す 치료하다 | 好ましい 바람직하다 | 朗報 희소식 | 発毛 발모 | 促進 촉진 | 塗り薬 바르는 약 | お/ご～になられる ～하실 수 있다(お/ご～になる의 가능형) | 騙されたと思って 속는 셈 치고 | 試す 시도하다 | 実感 실감

問題4

1番

男　山田さんがどういうつもりでこんなことをしたのか分（わ）かりませんね。

女　1　いえ、そんなつもりではないんです。

　　2　そうですね。私にもさっぱり…。

　　3　はい、そうみたいですね。

~つもりだ ~할 생각이다 | さっぱり 전혀, 완전

2番

女　昨日（きのう）、怪（あや）しい人（ひと）に声（こえ）をかけられたんだ。

男　1　そうだね。怪（あや）しいね。

　　2　それは苦労（くろう）しましたね。

　　3　それで、なんて言（い）ってた？

怪（あや）しい 수상하다 | 声（こえ）をかける 말을 걸다 | 苦労（くろう） 고생 | なんて 뭐라고

3番

男　すいません。アンケート調査（ちょうさ）にご協力（きょうりょく）くださいませんか。

女　1　はい、ありがとうございます。

　　2　いいですね。それでお願（ねが）いします。

　　3　あ、今急（いまいそ）いでるので。ごめんなさい。

アンケート調査（ちょうさ） 앙케트 조사 | 協力（きょうりょく） 협력 | お/ご~ください ~해 주세요 | 急（いそ）ぐ 서두르다

4番

男　昨日（きのう）、あの家（いえ）の犬（いぬ）にかまれそうになりました。

女　1　それは、ひどい目（め）に遭（あ）いましたね。お大事（だいじ）に。

　　2　そうでしたか。犬（いぬ）はかわいいですからね。

　　3　大丈夫（だいじょうぶ）でしたか。危（あぶ）なかったですね。

かまれる 물리다 | ひどい目（め）に遭（あ）う 호되게 당하다, 험한 일을 겪다 | お大事（だいじ）に 몸조리 잘하세요 | 危（あぶ）ない 위험하다

문제4

1번

남　야마다 씨가 무슨 생각으로 이런 일을 했는지 이해가 안 되네요.

여　1　아뇨, 그럴 생각이 아닙니다.

　　2　그러게요. 저도 전혀….

　　3　네, 그런 것 같네요.

2번

여　어제 수상한 사람이 말을 걸었어.

남　1　그렇네. 수상하네.

　　2　그거 참 고생하셨네요.

　　3　그래서 뭐라고 했어?

3번

남　실례합니다. 앙케트 조사에 협력해주시지 않겠습니까?

여　1　네, 감사합니다.

　　2　좋네요. 그걸로 부탁드려요.

　　3　아, 지금 좀 바빠서. 죄송해요.

4번

남　어제 저 집 개한테 물릴 뻔 했어요.

여　1　그거 참 험한 꼴 당하셨네요. 몸조리 잘 하세요.

　　2　그랬어요? 개는 귀여우니까요.

　　3　괜찮아요? 위험했겠네요.

5番

女　本当にテニス初心者ですか。はじめての割になかなかやりますね。

男　1　そんなあ。まだまだです。
　　2　すいません。自分なりに頑張ったんですが…。
　　3　はい、かしこまりました。

5번

여　정말로 테니스 초보자예요? 처음 치고는 꽤 하시네요.

남　1　에이~ 아직 멀었어요.
　　2　죄송합니다. 저 나름대로는 노력했는데….
　　3　네, 알겠습니다.

初心者 초보자 | ～割に ～치고는 | まだまだ 아직도 | ～なりに ～나름대로 | 頑張る 열심히 하다 | かしこまる '알다'의 겸양어

6番

女　先輩の頼みなら、聞かないわけにはいかないですね。

男　1　ありがとう。やっぱり君に頼んでよかったよ。
　　2　いえいえ、聞かなくてもいいですよ。
　　3　そんなこと言わずに、お願いしますよ。

6번

여　선배 부탁이라면 안 들어줄 수가 없네요.

남　1　고마워. 역시 너한테 부탁하길 잘했어.
　　2　아니에요, 안 들어도 되요.
　　3　그런 말 하지 마시고 부탁드려요.

～ないわけにはいかない ～하지 않을 수 없다 | ～ずに ～하지 않고, ～하지 말고

7番

女　ちょっと、靴下脱ぎっぱなしにしないでくれる？

男　1　ごめん、すぐ着るよ。
　　2　悪いけど、洗濯機に入れといて。
　　3　あ、靴下に穴が空いちゃったよ。

7번

여　양말 좀 벗은 채로 두지 말아 줄래?

남　1　미안, 바로 입을게.
　　2　미안하지만 세탁기에 넣어둬.
　　3　아, 양말에 구멍 났어.

靴下 양말 | 脱ぐ 벗다 | ～っぱなしに ～한 채로 | 洗濯機 세탁기 | 穴が空く 구멍이 뚫리다

8番

女　また、まゆみに振られたの？

男　1　どうしても、あきらめきれなくて。
　　2　はい、付き合うことになりました。
　　3　いえ、結婚はまだですよ。

8번

여　또 마유미한테 차였어?

남　1　도저히 단념이 안 돼서.
　　2　네, 사귀게 되었어요.
　　3　아뇨. 결혼은 아직이에요.

振られる 차이다 | どうしても 무슨 일이 있어도, 도저히 | あきらめる 포기하다 | ～きれない 완전히 ～할 수 없다 | 付き合う 사귀다, 동행하다

9番

女　こんなに暑いとビールを飲まずにはいられな
　　いね。

男　1　じゃ、この後、一杯どう？
　　2　ビール、飲まないんですね。残念だな。
　　3　夏といえばビールでしょ。

~ずにはいられない ~하지 않고는 못 배기다 ｜ 一杯 한 잔 ｜ ~といえば ~라고 하면

9번

여　이렇게 더우면 맥주를 안 먹고는 못 배기지.
남　1　그럼, 이따가 한 잔 어때?
　　2　맥주, 안 드시는군요. 아쉽네요.
　　3　여름하면 맥주죠.

10番

女　雨が降ってきましたね。野球の試合はどうし
　　ましょうか。

男　1　台風が来ているみたいですね。
　　2　負けるかもしれませんね。
　　3　中止せざるをえませんね。

試合 시합 ｜ 台風 태풍 ｜ 負ける 지다 ｜ 中止 중지 ｜ ~ざるをえない ~할 수밖에 없다

10번

여　비가 내리네요. 야구 시합은 어떻게 할까요?
남　1　태풍이 온 것 같네요.
　　2　질 지도 모르겠네요.
　　3　중지할 수밖에 없죠.

11番

女　あれ？ 泳げなかったんじゃなかったっけ？
男　1　いえ、そんなことないですよ。
　　2　ええ、泳げますよ。
　　3　はい、そんなことだろうと思いました。

~っけ ~랬나 ｜ そんなことない 그렇지 않다

11번

여　어라? 수영 못 하는 거 아니었어?
남　1　아뇨, 그렇지 않아요.
　　2　네, 수영할 수 있어요.
　　3　네, 그럴 거라고 생각했어요.

12番

女　旅行に行くので飼っていた犬を木村さんに預
　　けたんです。

男　1　そうなんですか。かわいがってくださいね。
　　2　そうですね。かわいらしい犬ですね。
　　3　木村さんなら、かわいがってくれるでしょ
　　　うね。

飼う 기르다 ｜ 預ける 맡기다 ｜ かわいがる 귀여워하다 ｜ かわいらしい 귀엽다, 사랑스럽다

12번

여　여행을 가기 때문에 기르던 개를 기무라 씨한테 맡
　　겼어요.
남　1　그래요? 귀여워해 주세요.
　　2　그렇네요. 귀여운 개네요.
　　3　기무라 씨라면 귀여워해 줄 거예요.

問題5

文제5

1番

女の人と男の店員が話しています。

男　お探しのものはございますか。

女　できるだけ安く、電子レンジを買おうと思っ
　　ているんですが…。

男　でしたら、こちらなんていかがでしょうか。
　　この商品は当店の会員カードをお持ちですと
　　さらに、30パーセント割引になりますが、お
　　客様は当店の会員カードをお持ちですか。

女　いいえ、ないんですが…。

男　でしたら、お作り致しましょうか。すぐにお
　　作りできますよ。しかも、お作りになった日
　　からご使用になられますよ。

女　へえ〜。でもお金、かかるんですよね？

男　いえ、ただいまキャンペーン中でして、今月
　　入会されたお客様は年会費と入会費が無料に
　　なります。

女　どうしようかな。最近、ニュースでカードの
　　個人情報が流出して問題になったりしてるの
　　をよく耳にするからなあ…。

男　ご安心ください。規約にも個人情報を当店以
　　外で使用することはないと書かれていますし、
　　そのような心配はございませんので。

女　そうですかあ。でも、私、今、ポイントカー
　　ド作りすぎて財布がパンパンなんですよね。
　　とりあえず、今日は作るのやめときます。

1번

여자와 남자 점원이 이야기하고 있습니다.

남　찾으시는 물건 있으세요?

여　최대한 싸게 전자레인지를 사려고요.

남　그러시면 이것은 어떠신가요? 이 상품은 저희 가게
　　회원카드를 가지고 계시면 30% 더 할인이 되는데,
　　고객님 저희 가게 회원카드 가지고 계세요?

여　아뇨, 없는데요….

남　그러시면 만들어 드릴까요? 바로 만드실 수 있어요.
　　게다가 만드신 날부터 사용하실 수 있고요.

여　아~. 그렇지만 돈 들죠?

남　아뇨, 지금 캠페인 중이라서, 이번 달 입회하신 고객
　　님들에게는 연회비와 입회비가 무료입니다.

여　어떻게 하지. 최근 뉴스에서 카드의 개인정보가 유
　　출돼서 문제되거나 하는 것을 자주 들으니까….

남　안심하세요. 규약에도 개인정보를 저희 가게 이외
　　에서 사용하는 일은 없다고 쓰여져 있으니 그런 걱
　　정은 없으니까요.

여　그래요? 근데 제가 지금 포인트카드를 너무 만들어
　　서 지갑이 빵빵해요. 일단 오늘은 만드는 거 그만둘
　　래요.

女の人はどうして会員カードを作りませんか。

1 作るのにお金がかかるから
2 個人情報を悪用されそうだから
3 作るのが面倒くさいから
4 財布の中がかさばるから

여자는 왜 회원카드를 만들지 않습니까?

1 만드는 데에 비용이 들어서
2 개인정보가 악용될 것 같아서
3 만드는 것이 귀찮아서
4 지갑 안에 부피가 커져서

お探しのもの 찾으시는 물건 | 電子レンジ 전자레인지 | でしたら 그러시면 | 商品 상품 | お/ご〜だ 〜하시다, 〜이시다 | さらに
그 위에, 더욱더 | 割引 할인 | お/ご〜できる 〜하실 수 있다 | ただいま 지금 | 入会 입회 | 年会費 연회비 | 入会費 입회비 | 流出
유출 | 耳にする 듣다 | 規約 규약 | 財布 지갑 | パンパン 빵빵(물건이 가득한 모양) | とりあえず 일단, 우선 | 悪用 악용 | 面倒
くさい 귀찮다 | かさばる 부피가 커지다

2番

学生3人が授業でのグループ発表について話しています。

男1 来週のグループ発表、このまま行くと、10分超えちゃうよね。どうしたらいいかな？

男2 先生に事情を話して、15分に伸ばしてもらおうよ。

女 それは、無理だと思うな。他のグループの発表もあるし、質疑応答の時間も確保しないといけないから10分に収めてほしいって先生言ってたもん。

男2 そっかあ。最初の食べ物の安全性について話すところが長いのかな。新しく考え直した方がいいかも。

男1 発表来週なのに、説明、最初から考え直すのは、ちょっと…。今からじゃ、覚えるのが大変だよ。やっぱり、分かりやすいように、説明を丁寧にしすぎたんじゃない？ちょっと、省略したりして調節するのは？

女 うん、それもいいね。あと、私の話すスピードも遅いよね？早めに話そうか？

男1 え、ちょうどいいと思うけど…。早口だと聞き取りづらいだろうし、このままでいいよ。

男2 それより、映像を見てもらうところをなくそうか。結構、時間とるし…。

男1 いや、それは残した方がいいよ。農家の人にインタビューもして僕たちが一番、力を入れたところじゃん。やっぱり、そこは譲れないなあ。

女 じゃ、とりあえず、あの部分だけ、修正しよう。

3人はどうすることにしましたか。

1 発表の時間を15分にする
2 最初の説明を短くする
3 映像を流すのをやめる
4 話すスピードを速くする

2번

학생 3명이 수업에서의 그룹발표에 대해 이야기하고 있습니다.

남1 다음 주 그룹발표, 이대로 가면 10분 넘어버리네. 어떻게 하면 좋을까?

남2 선생님한테 사정을 얘기해서 15분으로 늘려달라고 해보자.

여 그건 무리일 것 같은데. 다른 그룹발표도 있고, 질의응답 시간도 확보해야 하니까 10분안에 끝내라고 선생님이 말씀하셨는 걸.

남2 그런가? 맨 처음 음식의 안전성에 대해서 이야기하는 부분이 긴가? 새롭게 다시 생각하는 편이 좋을지도 몰라.

남1 발표가 다음 주인데 설명을 처음부터 다시 생각하는 건 좀…. 지금부터라면 외우는 것이 큰일이야. 역시, 이해하기 쉽게 설명을 너무 친절하게 한 거 아닌가? 좀 생략하거나 해서 조절하는 것은 어때?

여 응, 그것도 좋겠네. 그리고 내가 말하는 속도도 느리지? 좀 빨리 말할까?

남1 어? 딱 좋은 것 같은데…. 말이 빠르면 알아 듣기 힘들 테니 이대로가 좋아.

남2 그보다 영상 보여주는 부분을 없앨까? 꽤 시간 잡아먹고….

남1 아니, 그것은 남기는 편이 좋아. 농가사람들에게 인터뷰도 해서 우리들이 가장 힘을 쏟았던 부분이잖아. 역시 그 부분은 양보할 수 없어.

여 그럼, 일단 저 부분만 수정하자.

3명은 어떻게 하기로 했습니까?

1 발표 시간을 15분으로 한다
2 맨 처음 설명을 짧게 한다
3 영상 내보내는 것을 그만둔다
4 말하는 속도를 빠르게 한다

| 発表 발표 | このまま 이대로 | 超える 초과하다, 넘다 | 事情 사정 | 伸ばす 늘리다 | 質疑 질의 | 応答 응답 | 確保 확보 | 収める 한도내에 마치다, 정리해서 넣다 | ～てほしい ～하길 바란다 | ～もん ～한 걸(～もの의 회화체) | 安全性 안전성 | ～について ～에 대해서 | 考え直す 다시 생각하다 | 分かりやすい 알기 쉽다, 이해하기 쉽다 | 丁寧に 친절하게, 꼼꼼하게, 공손하게 | 省略 생략 | 調節 조절 | 早口 말이 빠름 | 聞き取る 알아듣다 | ～づらい ～하기 어렵다 | 結構 꽤, 상당히 | 農家 농가 | 力を入れる 힘을 쏟다 | 譲る 양보하다 | 修正 수정 | 映像を流す 영상을 내보내다 |

女の人がテレビで結婚相手に求めることについて
話しています。

女1 今回は男性と女性がそれぞれ結婚相手に求め
る条件についてアンケートをとってみました。
ここでは1位から5位までを紹介します。ま
ず、第1位は男女共に「浮気をしない人」で
した。やはり、皆さん結婚相手は誠実な人が
いいということですね。続いて男性の第2位
が「感情的にならない人」で、第3位が「料
理上手」、第4位が「顔がタイプ」という条
件でした。女性の場合は第2位が「顔がタイ
プ」第3位が「優しい」、第4位が「頼り
がいがある」がランクインしました。なかな
か興味深いのが第5位の理由です。男性の場
合「夫の家族と仲良くできる」、女性の場合
「自分より年収が高い」という条件なんです。

男 面白いアンケートだね。

女2 木村君は、どうなの？まさか、外見？

男 外見重要視してたら、妻と結婚してないよ。

女2 え、奥さんに失礼じゃない？奥さんに言っち
ゃうわよ。

男 ははは。冗談だよ。彼女はとても優しいんだ
よ。特に僕の家族ともうまくやってくれて、
そういうところが結婚の決め手だったかな。

女2 へえ～。

男 田中さんの条件は何？

女2 お金は私もある程度稼いでるし、外見もそん
なに気にしないかな。私はやっぱり、男らし
さが結婚相手の条件かな。自分のできないこ
とをやってくれたり…。

男 そっかあ。まあ、田中さんは相手から見つけ
ないとね。今度、頼りがいがある人紹介して
あげるよ。

여자가 텔레비전에서 결혼상대에게 바라는 점에 대해서 이
야기하고 있습니다.

여1 이번에는 남성과 여성이 각각 결혼상대에게 원하는
조건에 대해서 앙케트를 해 보았습니다. 여기에서
는 1위부터 5위까지를 소개하겠습니다. 우선, 제1
위는 남녀모두 '바람피지 않는 사람'이었습니다. 역
시나 모두들 결혼 상대는 성실한 사람이 좋다는 말
이죠. 이어서 남성의 제2위가 '감정적으로 되지 않
는 사람'이고, 제3위가 '요리 잘하는 사람', 제4위가
'이상형의 외모'라는 조건이었습니다. 여성의 경우
는 제2위가 '이상형의 외모', 제3위가 '상냥한 사람',
제4위가 '의지할 수 있는 사람'이 랭킹에 올랐습니
다. 매우 흥미로운 것이 제5위의 이유입니다. 남성
의 경우 '남편의 가족과 사이 좋게 지낼 수 있는 사
람', 여성의 경우 '자신보다 연봉이 높은 사람'이라는
조건입니다.

남 재미있는 앙케트네.

여2 기무라군은 어때? 설마 외모?

남 외모 중요시했으면 와이프랑 결혼 안 했지.

여2 어? 와이프한테 실례 아니야? 와이프한테 말해버린
다.

남 하하하. 농담이야. 우리 와이프는 엄청 상냥하지.
특히 내 가족들이랑도 잘 지내서, 그러한 점이 결혼
의 결정타였지.

여2 아하~.

남 다나카 씨의 조건은 뭐야?

여2 돈은 나도 어느 정도 벌고 있고, 외모도 그다지 신경
안 쓰고. 나는 역시 남자다움이 결혼상대의 조건인
것 같아. 내가 못하는 것을 해준다거나….

남 그래? 뭐, 다나카 씨는 상대부터 찾아야지. 다음에
의지가 되는 사람 소개해줄게.

質問1 男の人が結婚相手に求めることはどれですか。

1 第2位の理由
2 第3位の理由
3 第4位の理由
4 第5位の理由

質問2 女の人が結婚相手に求めることはどれですか。

1 第2位の理由
2 第3位の理由
3 第4位の理由
4 第5位の理由

질문1 남자가 결혼상대에게 바라는 점은 어느 것입니까?

1 제2위의 이유
2 제3위의 이유
3 제4위의 이유
4 제5위의 이유

질문2 여자가 결혼상대에게 바라는 점은 어느 것입니까?

1 제2위의 이유
2 제3위의 이유
3 제4위의 이유
4 제5위의 이유

結婚 결혼 | 相手 상대 | 求める 추구하다 | それぞれ 각각 | 条件 조건 | 共に 함께, 같이 | 浮気をする 바람피다 | 誠実な 성실한 | 感情的 감정적 | 頼りがい 의지할 만한 값어치 | 興味深い 매우 흥미롭다 | 仲良い 사이좋다 | 年収 연수입 | 外見 외견, 외모 | 重要視 중요시 | 冗談 농담 | 決め手 결정적인 수, 결정타 | ある程度 어느 정도 | 稼ぐ 돈벌다 | 気にする 신경쓰다 | ～らしさ ～다움

N2 聴解　解答用紙

受験番号 Examinee Registration Number

名前 Name

問　題　1

1	①	②	③	④
2	①	②	③	④
3	①	②	③	④
4	①	②	③	④
5	①	②	③	④

問　題　2

1	①	②	③	④
2	①	②	③	④
3	①	②	③	④
4	①	②	③	④
5	①	②	③	④
6	①	②	③	④

問　題　3

1	①	②	③	④
2	①	②	③	④
3	①	②	③	④
4	①	②	③	④
5	①	②	③	④

問　題　4

1	①	②	③
2	①	②	③
3	①	②	③
4	①	②	③
5	①	②	③
6	①	②	③
7	①	②	③
8	①	②	③
9	①	②	③
10	①	②	③
11	①	②	③
12	①	②	③

問　題　5

1		①	②	③	④
2		①	②	③	④
3	(1)	①	②	③	④
	(2)	①	②	③	④

N2 聴解 解答用紙

受験番号
Examinee Registration
Number

名前
Name

< ちゅうい Notes >

1. くろいえんぴつ (HB、No.2) で
かいてください。
Use a black medium soft
(HB or No.2) pencil.

2. かきなおすときは、けしゴムで
きれいにけしてください。
Erase any unintended marks
completely.

3. きたなくしたり、おったりしないで
ください。
Do not soil or bend this sheet.

4. マークれい Marking examples

よい Correct	わるい Incorrect
●	⊘ ⊖ ○ ◑ ⊙ ①

問題 1

	①	②	③	④
1	①	②	③	④
2	①	②	③	④
3	①	②	③	④
4	①	②	③	④
5	①	②	③	④

問題 2

	①	②	③	④
1	①	②	③	④
2	①	②	③	④
3	①	②	③	④
4	①	②	③	④
5	①	②	③	④
6	①	②	③	④

問題 3

	①	②	③	④
1	①	②	③	④
2	①	②	③	④
3	①	②	③	④
4	①	②	③	④
5	①	②	③	④

問題 4

	①	②	③
1	①	②	③
2	①	②	③
3	①	②	③
4	①	②	③
5	①	②	③
6	①	②	③
7	①	②	③
8	①	②	③
9	①	②	③
10	①	②	③
11	①	②	③
12	①	②	③

問題 5

		①	②	③	④
1		①	②	③	④
2		①	②	③	④
3	(1)	①	②	③	④
	(2)	①	②	③	④

N2 聴解 解答用紙

受験番号
Examinee Registration Number

名前
Name

問 題 1

	1	2	3	4
1	①	②	③	④
2	①	②	③	④
3	①	②	③	④
4	①	②	③	④
5	①	②	③	④

問 題 2

	1	2	3	4
1	①	②	③	④
2	①	②	③	④
3	①	②	③	④
4	①	②	③	④
5	①	②	③	④
6	①	②	③	④

問 題 3

	1	2	3	4
1	①	②	③	④
2	①	②	③	④
3	①	②	③	④
4	①	②	③	④
5	①	②	③	④

問 題 4

	1	2	3
1	①	②	③
2	①	②	③
3	①	②	③
4	①	②	③
5	①	②	③
6	①	②	③
7	①	②	③
8	①	②	③
9	①	②	③
10	①	②	③
11	①	②	③
12	①	②	③

問 題 5

		1	2	3	4
1		①	②	③	④
2		①	②	③	④
3	(1)	①	②	③	④
	(2)	①	②	③	④

N2 聴解 解答用紙

名前
Name

問題 1

1	①	②	③	④
2	①	②	③	④
3	①	②	③	④
4	①	②	③	④
5	①	②	③	④

問題 2

1	①	②	③	④
2	①	②	③	④
3	①	②	③	④
4	①	②	③	④
5	①	②	③	④
6	①	②	③	④

問題 3

1	①	②	③	④
2	①	②	③	④
3	①	②	③	④
4	①	②	③	④
5	①	②	③	④

問題 4

1	①	②	③
2	①	②	③
3	①	②	③
4	①	②	③
5	①	②	③
6	①	②	③
7	①	②	③
8	①	②	③
9	①	②	③
10	①	②	③
11	①	②	③
12	①	②	③

問題 5

1		①	②	③	④
2		①	②	③	④
3	(1)	①	②	③	④
	(2)	①	②	③	④

N2 聴解　解答用紙

受　験　番　号
Examinee Registration Number

名　前
Name

	よい Correct	わるい Incorrect

問 題 1

	1	2	3	4
1	①	②	③	④
2	①	②	③	④
3	①	②	③	④
4	①	②	③	④
5	①	②	③	④

問 題 2

	1	2	3	4
1	①	②	③	④
2	①	②	③	④
3	①	②	③	④
4	①	②	③	④
5	①	②	③	④
6	①	②	③	④

問 題 3

	1	2	3	4
1	①	②	③	④
2	①	②	③	④
3	①	②	③	④
4	①	②	③	④
5	①	②	③	④

問 題 4

	1	2	3
1	①	②	③
2	①	②	③
3	①	②	③
4	①	②	③
5	①	②	③
6	①	②	③
7	①	②	③
8	①	②	③
9	①	②	③
10	①	②	③
11	①	②	③
12	①	②	③

問 題 5

		1	2	3	4
1		①	②	③	④
2		①	②	③	④
3	(1)	①	②	③	④
	(2)	①	②	③	④

JLPT
급소공략 N2 청해 <2nd EDITION>

지은이 박성길, 김윤선, 도리이 마이코
펴낸이 정규도
펴낸곳 (주)다락원

초판 1쇄 발행 2019년 9월 30일
초판 3쇄 발행 2024년 5월 20일

책임편집 김은경, 송화록
디자인 하태호, 박태연

다락원 경기도 파주시 문발로 211
내용문의: (02)736-2031 내선 460~465
구입문의: (02)736-2031 내선 250~252
Fax: (02)732-2037
출판등록 1977년 9월 16일 제 406-2008-000007호

ISBN 978-89-277-1224-4 14730
       978-89-277-1205-3 14730 (set)

http://www.darakwon.co.kr
• 다락원 홈페이지에 접속하면 상세한 출판 정보와 함께 동영상 강좌, MP3 자료 등
  다양한 어학 정보를 얻을 수 있습니다.
• 다락원 홈페이지에서 "〈2nd EDITION〉 JLPT 급소공략 N2 청해"를 검색하거나 책 속
  의 QR코드를 찍으면 MP3 파일을 듣거나 다운로드 할 수 있습니다.